对外汉语本科系列教材
语言技能类(二年级)

报刊语言教程

上　册

白崇乾　编
朱建中
刘谦功　翻译

北京语言大学出版社
BEIJING LANGUAGE AND CULTURE
UNIVERSITY PRESS

图书在版编目（CIP）数据

报刊语言教程（上）/白崇乾，朱建中编；刘谦功译．
—北京：北京语言大学出版社，2011 重印
ISBN 978 - 7 - 5619 - 0680 - 4

Ⅰ．报…
Ⅱ．①白…②朱…③刘…
Ⅲ．汉语 - 对外汉语教学 - 教材
Ⅳ．H195.4

中国版本图书馆 CIP 数据核字（98）第 33926 号

书　　名：	报刊语言教程（上）
责任印制：	汪学发

出版发行：北京语言大学出版社
社　　址：北京市海淀区学院路 15 号　邮政编码 100083
网　　址：www.blcup.com
电　　话：发行部 82303648/3591/3651
　　　　　编辑部 82303647
　　　　　读者服务部 82303653/3908
　　　　　网上订购电话 82303668
　　　　　客户服务信箱　service@blcup.net
印　　刷：北京画中画印刷有限公司
经　　销：全国新华书店

版　　次：1999 年 3 月第 1 版　2011 年 7 月第 10 次印刷
开　　本：787 毫米×1092 毫米　1/16　印张：12.75
字　　数：307 千字　　印数：43001—44001 册
书　　号：ISBN 978 - 7 - 5619 - 0680 - 4/H · 9843
定　　价：26.00 元

凡有印装质量问题，本社负责调换。电话：82303590

序

李 杨

　　教材是教育思想和教学原则、要求、方法的物化,是教师将知识传授给学生,培养学生能力的重要中介物。它不仅是学生学习的依据,也体现了教师进行教学工作的基本规范。一部优秀的教材往往凝结着几代人的教学经验及理论探索。对外汉语本科教育,从1975年在北京语言学院(北京语言大学的前身)试办现代汉语专业(今汉语言专业)算起,走过了二十多年历程。如今教学规模扩大,课程设置、学科建设都有了明显发展。在总体设计下,编一套包括四个年级几十门课程的系列教材的条件业已成熟。进入90年代,我们开始了这套教材的基本建设。

　　北京语言大学留学生本科教育,分为汉语言专业(包括该专业的经贸方向)和中国语言文化专业。教学总目标是培养留学生熟练运用汉语的能力,具备扎实的汉语基础知识、一定的专业理论与基本的中国人文知识,造就熟悉中国国情文化背景的应用型汉语人才。为了实现这个目标,学生从汉语零起点开始到大学毕业,要经过四年八个学期近3000学时的学习,要修几十门课程。这些课程大体上分为语言课,即汉语言技能(语言能力、语言交际能力)课、汉语言知识课,以及其他中国人文知识课(另外适当开设体育课、计算机课、第二外语课)。为留学生开设的汉语课属于第二语言教学性质,它在整个课程体系中处于核心地位。教学经验证明,专项技能训练容易使某个方面的能力迅速得到强化;而由于语言运用的多样性、综合性的要求,必须进行综合性的训练才能培养具有实际意义的语言能力。因此在语言技能课中,我们走的是综合课与专项技能课相结合的路子。作为必修课的综合课从一年级开到四年级。专项技能课每学年均分别开设,并注意衔接和加深。同时,根据汉语基本要素及应用规律,系统开设汉语言本体理论知识课程。根据中国其他人文学科如政治、经济、历史、文化、文学、哲学等基础知识,从基本要求出发,逐步开设文化理论知识课程。专业及专业方向从三年级开始划分。其课程体系大致是:

　　一年级
　　　　汉 语 综 合 课:初级汉语
　　　　汉语专项技能课:听力课、读写课、口语课、视听课、写作课

二年级
  汉 语 综 合 课:中级汉语
  汉语专项技能课:听力口语、阅读、写作、翻译、报刊语言基础、新闻听力
  汉 语 知 识 课:现代汉语语音、汉字
  文 化 知 识 课:中国地理、中国近现代史
三年级
  汉 语 综 合 课:高级汉语(汉语言专业)
        中国社会概览(中国语言文化专业)
  汉语专项技能课:高级口语、写作、翻译、报刊阅读、古代汉语;经贸口语、经贸写作(经贸方向)
  汉 语 知 识 课:现代汉语词汇
  文 化 知 识 课:中国文化史、中国哲学史、中国古代史、中国现代文学史;中国国情、中国民俗、中国艺术史(中国语言文化专业);当代中国经济(经贸方向)
四年级
  汉 语 综 合 课:高级汉语(汉语言专业)
        中国社会概览(中国语言文化专业)
  汉语专项技能课:当代中国话题、汉语古籍选读、翻译;
        高级商贸口语(经贸方向)
  汉 语 知 识 课:现代汉语语法、修辞
  文 化 知 识 课:中国古代文学史;中国对外经济贸易、中国涉外经济法规(经贸方向);儒道佛研究、中国戏曲、中国古代小说史、中外文化交流史(中国语言文化专业)

  这套总数为50余部的系列教材完全是为上述课程设置而配备的。

  这是一套跨世纪的新教材,它的真正价值属于21世纪。其特点是:

  1.系统性强。对外汉语本科专业、年级、课程、教材之间是一个具有严密科学性的系统,如图(见下页):

  整套教材是在系统教学设计的指导下完成的,每部教材都有其准确的定性与定位。除了学院和系总体设计之外,为子系统目标的实现,一年级的汉语教科书(10部)和二、三、四年级的中国文化教科书(18部)均设有专门的专家编委会,负责制定本系列教材的编写原则、方法,并为每一部教材的质量负责。

  2.有新意。一部教材是否有新意、有突破,关键在于它对本学科理论和本课程教学有无深入的甚至是独到的见解。这次编写的整套教材,对几个大的子系列和每一部教材都进行了反复论证。从教学实际出发,对原有教材的优点和

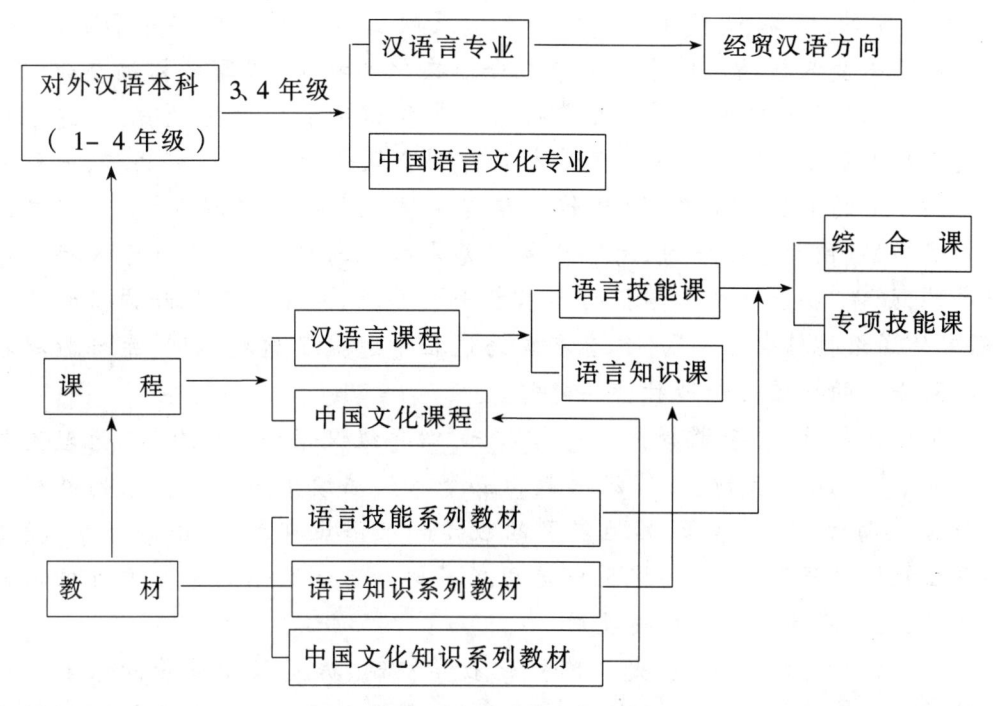

```
                                    ┌─→ 汉语言专业 ──→ 经贸汉语方向
对外汉语本科      3、4年级
（1-4年级）  ──→
                                    └─→ 中国语言文化专业

                    ┌─→ 汉语言课程 ──┬─→ 语言技能课 ──┬─→ 综  合  课
课  程  ──→        │                │                └─→ 专项技能课
                    │                └─→ 语言知识课
                    └─→ 中国文化课程

                    ┌─→ 语言技能系列教材
教  材  ──→        ├─→ 语言知识系列教材
                    └─→ 中国文化知识系列教材
```

缺点从理论上进行总结分析，根据国内外语言学、语言教学和语言习得理论以及中国文化诸学科研究的新成果，提出新思路，制定新框架。这样就使每一个子系列内部的所有编写者在知识与能力、语言与文化、实用性与学术性等主要问题上取得共识。重新编写的几十部教材，均有所进步，其中不少已成为具有换代意义的新教材。

3. 有明确的量化标准。在这套教材编写前和进行过程中，初、中、高对外汉语教学的语音、词汇、语法、功能、测试大纲及语言技能等级标准陆续编成，如《中高级对外汉语教学等级大纲》(1995年，孙瑞珍等)、《初级对外汉语教学等级大纲》(1997年，杨寄洲等)。一年级全部教材都是在这些大纲的监控下编写的，二、三、四年级汉语教材也都自觉接受大纲的约束，在编写过程中不断以大纲检查所使用的语料是否符合标准，是否在合理的浮动范围内。中国文化教材中的词汇也参照大纲进行控制，语言难度基本上和本年级汉语教材相当，使学生能够在略查辞典的情况下自学。这样就使这套教材在科学性上前进了一步。

4. 生动性与学术性相结合。本科留学生是成年人，至少具有高中毕业的文化水平，他们所不懂的仅仅是作为外语的汉语而已。因此教材必须适合成年人的需要并具有相当的文化品位。我们在编写各种汉语教材时，尽可能采用那些能反映当代中国社会和中国人的生活、心态的语料和文章，使学生能够及时了解中国社会生活及其发展变化，学到鲜活的语言。一些入选的经典作品也在编排练习时注意着重学习那些至今依然富有生命力的语言，使教材生动、有趣味、有相对的稳定性。教材的学术性一方面表现为教材内容的准确和编排设计的科学,更重要的是,课程本身应当能够及时反映出本学科的新水平和新进展。这些都成为整套教材编写的基本要求之一。文化类教材,编写之初编委会就提出,要坚持"基础性(主要进行有关学科的基础知识和基本理论教育,不追求内容的高深)、共识性(内容与观点在学术界得到公认或大多数人有共识,一般不介绍个别学者的看法)、全貌性(比较完整与系统地介绍本学科面貌,可以多编少讲)、实用性(便于学生学习,有利于掌握基本知识与理论,并有助于汉语水平的提高)",强调"要能反映本学科的学术水平",要求将"学术品位和内容的基础性、语言的通俗性结合起来"。作者在编写过程中遵循了这些原则,每部教材都能在共同描绘的蓝图里创造独特的光彩。

为了方便起见,整套教材分为一、二、三、四年级汉语语言教材、汉语理论与知识教材、中国文化教材、经贸汉语教材五个系列陆续出版。这套系列教材由于课程覆盖面大,层次感强,其他类型的教学如汉语短期教学、进修教学、预备教学可在相近的程度、相同的课型中选用本教材。自学汉语的学生亦可根据自己的需要,选择不同门类的教材使用。

教材的科学更新与发展,是不断强化教学机制、提高教学质量的根本。北京语言大学汉语学院集近百位教师的经验、智慧与汗水,编就这套新的大型系列教材。相信它问世以后,将会在教学实践中多方面地接受教师与学生的检验,并会不断地融进使用者的新思路,使之更臻完善。

说　　明

一、本书是根据北京语言大学汉语学院对外汉语教学总体设计、专为现代汉语专业二年级外国留学生编写的新一代报刊语言教材。此书也可供同等学历者使用。

二、本书属于报刊入门教材,其教学重点在于让外国留学生接触并掌握中国报刊常用词语、句式等知识,培养和提高他们阅读当今中国报刊的能力。

三、本书的"课文"和"阅读文章"全部选自中国主要报刊,以新闻报道为主,有的是全文,有的是节选。为适合教学需要对某些文章做了少许删改,特向原文作者表示歉意。

四、本书分上下两册,共40课,一课一个专题。每课有"课文"一篇,"阅读文章"三篇。生词均有英文翻译。每课都有形式多样的练习。对于练习中的"快速阅读",教师可根据实际情况,有针对性地对学生进行某一方面的训练。

五、本书可供一学年使用。每周(4学时)一课,以讲解课文为主,适当选讲阅读文章,也可临时补助一些最新报刊材料。

六、本书在编写过程中,得到了汉语学院和系领导的支持。阎德早教授还对每课生词的拼音和词性作了审定。特此表示感谢。

七、本书的编写分工如下:

白崇乾负责编写第1、2、3、4、5、6、7、8、11、20、23、24、25、32、33、34、35、36、38、39、40课。

朱建中负责编写第9、10、12、13、14、15、16、17、18、19、21、22、26、27、28、29、30、31、37课。

限于水平,书中不妥之处,欢迎批评指正。

编　者

目　　录

第一课 ·· 1
　　课文　　汉语托福越考越热
　　阅读（一）来华留学生人数倍增
　　　　（二）住居民楼的"老外"
　　　　（三）"汉语热"遍及世界

第二课 ·· 9
　　课文　　"世界艾滋病日"在北京
　　阅读（一）我国艾滋病流行进入"第三个阶段"
　　　　（二）艾滋病毒猛于虎
　　　　（三）全球 640 万人死于艾滋病

第三课 ·· 17
　　课文　　钱其琛与泰国外长会谈
　　阅读（一）朱镕基总理抵英进行正式访问
　　　　（二）中韩建交五周年招待会在京举行
　　　　（三）江主席首访印度并会见夏尔马总统

第四课 ·· 25
　　课文　　亚太经合组织领导人非正式会议举行
　　阅读（一）中法经济研讨会在京开幕
　　　　（二）李光耀谈与中国交往
　　　　（三）今年中国外交成果丰硕

第五课 ·· 32
　　课文　　奥运健儿：祖国为你接风
　　阅读（一）中国男团再捧金杯
　　　　（二）胜在斗志
　　　　（三）中国女排力胜劲旅美国队

第六课 ·· 40
　　课文　　去年我外贸进出口突破 2800 亿美元
　　阅读（一）两岸三地去年贸易总额近 9000 亿美元
　　　　（二）看好中国市场
　　　　（三）法国不愿错失中国市场

第七课			48
	课文	"三结合"是搞好计生工作的必由之路	
	阅读(一)	中央原则同意人口和计划生育奋斗目标	
	(二)	我国人口7年增加一个亿	
	(三)	湖南鼓励青年农民少生快富	

第八课			56
	课文	中国集中公判毒犯	
	阅读(一)	虎门销毒	
	(二)	吸毒女手握遗书跳楼	
	(三)	提出国际合作禁毒三主张	

第九课			64
	课文	开封农民尝到合作医疗甜头	
	阅读(一)	让贫困乡民看病不再愁	
	(二)	我国国民健康主要指标已居发展中国家前列	
	(三)	长寿的巴马人	

第十课			73
	课文	我国旅游业有了较快发展	
	阅读(一)	"八五":旅游业成为京城三产"台柱子"	
	(二)	双休日新景观——京津互游	
	(三)	我国将开展旅游市场专项治理	

第十一课			82
	课文	中国的能源政策　(节选)	
	阅读(一)	我国钢产量跃居世界第一	
	(二)	我国原油年产突破1.5亿吨	
	(三)	大亚湾核电站通过国家验收	

第十二课			89
	课文	"东方红三号"顺利升空	
	阅读(一)	酒泉卫星发射中心将向国内外开放	
	(二)	2030年在月球安家	
	(三)	长征系列运载火箭达世界水平	

第十三课			97
课文	中国人完全有能力养活自己		
阅读	(一)	白家兄弟变荒地为财富	
	(二)	中国人能养活自己	
	(三)	投资中国农业前景广阔	

第十四课			105
课文	肉禽蛋菜鱼达到或超过世界人均水平		
阅读	(一)	北京黎明贩菜人	
	(二)	菜篮子"年年有鱼"	
	(三)	"菜篮子工程"将加快建设	

第十五课			113
课文	中餐文化面临变革		
阅读	(一)	城乡居民饮食变化大	
	(二)	在麦当劳吃"服务"	
	(三)	中式快餐悄悄跟进	

第十六课			121
课文	北京人心中的九六春节		
阅读	(一)	老表过年换口味	
	(二)	过"新"年	
	(三)	外国友人在天津喜迎新春	

第十七课			130
课文	我国残疾人事业获巨大成绩		
阅读	(一)	残疾人事业取得历史性成就	
	(二)	殷殷骨肉情 爱心越香江	
	(三)	我国三年安排康复扶贫资金1.5亿元	

第十八课			139
课文	我国个体私营经济出现新特点		
阅读	(一)	温州女能人 贵州显身手	
	(二)	"蓝天"创出办好私营城新路子	
	(三)	安徽个体私营经济发展势头强劲	

第十九课 147
  课文 再就业工程获重大成果
  阅读(一) 京城招"商嫂"
    (二) 旧观念成为再就业障碍
    (三) 两万海外人士跨国就业上海

第二十课 156
  课文 婚礼变迁
  阅读(一) 女儿当红娘 妈妈做新娘
    (二) 离婚的代价
    (三) 浓浓夫妻情

部分练习答案 165

生词表 173

第 一 课

> **提示：**
> 中国自改革开放以来，经济快速发展。世界各国人民与我国的交往日益增多，外国人学汉语形成潮流，"汉语热"遍及全世界。因此，汉语将成为21世纪国际交往的重要语言之一。

课　文

汉语托福　越考越热

本报记者戴菁菁报道　昨天清晨，在京工作、学习的3000多名外国人早早地就赶到北京语言大学、北京外国语大学和北京第二外国语大学参加汉语水平考试。

汉语水平考试又称HSK，是专门为测试外国人和国内母语非汉语者的汉语水平而设立的国家级标准化考试。据了解，此次参加考试年龄最大的是位77岁的日本老先生，年龄最小的是年仅16岁的韩国男孩。

汉语水平考试自1988年首次实行至今，全世界已有115个国家的6万余人拿到了汉语水平考试合格证书。目前除在京、津、沪、广州、长春等18个城市设有考点外，日本、意大利、加拿大、澳大利亚等16个国家和地区也均有考点。

昨天参加考试的韩国人比以往有明显增加。据了解，这主要是因为韩国爆发的金融危机使许多学生手头骤然拮据，不得不提前终止学业。在离开中国之前，他们希望能拿到汉语水平证书，这样"回国找工作会方便些"。

目前，全世界已有9万多人参加了汉语水平考试，是历史上外国人学汉语人数最多的时期。由于中国经济的迅猛发展，外商纷纷来华投资，他们要求职员必须掌握一定程度的汉语，并将其汉语水平与提薪升迁直接挂钩。另外，国家教委曾明文规定，外国人要到中国的高等院校学习非汉语专业必须通过汉语水平考试。

选自1998年1月12日《北京青年报》

生　词

1. 托福　　　　　　　　tuōfú　　　　　　　　TOEFL
   英语 TOEFL 的音译。美国教育考试服务处为非英语国家学生提供的英语水平标准化考试，考试合格者可以申请到美国或加拿大两国的大学与研究院学习。
2. 清晨　　（名）　　　qīngchén　　　　　　early morning
3. 专门　　（形）　　　zhuānmén　　　　　　special
4. 测试　　（动）　　　cèshì　　　　　　　　test
   原指对机械、仪器和电气等的性能和精度进行测量，现也泛指测验和考试。
5. 设立　　（动）　　　shèlì　　　　　　　　establish; set up
6. 标准化　（名、动）　biāozhǔnhuà　　　　　standardization; standardize
7. 考点　　（名）　　　kǎodiǎn　　　　　　　testing center
   临时设立考场进行考试的地点。
8. 明显　　（形）　　　míngxiǎn　　　　　　obvious
9. 增加　　（动）　　　zēngjiā　　　　　　　increase
10. 爆发　　（动）　　　bàofā　　　　　　　　burst out; break out
11. 金融　　（名）　　　jīnróng　　　　　　　finance; banking
12. 危机　　（名）　　　wēijī　　　　　　　　crisis
13. 骤然　　（副）　　　zhòurán　　　　　　　suddenly
14. 拮据　　（形）　　　jiéjū　　　　　　　　short of money
15. 迅猛　　（形）　　　xùnměng　　　　　　　swift and violent
16. 外商　　（名）　　　wàishāng　　　　　　foreign businessman
17. 纷纷　　（形）　　　fēnfēn　　　　　　　one after another
18. 投资　　（动、名）　tóuzī　　　　　　　　invest; investment
    把资金投入企业或某项事业。也指投入的资金或钱财。
19. 掌握　　（动）　　　zhǎngwò　　　　　　　master; know well
20. 挂钩　　（动）　　　guàgōu　　　　　　　link up with
    原指把钩挂上，使连接起来。现多比喻相互联系。
21. 规定　　（动、名）　guīdìng　　　　　　　stipulate; stipulation

专　名

1. 北京语言大学　　　　　　　　　　大学名
   Běijīng Yǔyán Dàxué　　　　　　Beijing Language and Culture University
2. 北京外国语大学　　　　　　　　　大学名
   Běijīng Wàiguóyǔ Dàxué　　　　Beijing Foreign Studies University
3. 北京第二外国语大学　　　　　　　大学名
   Běijīng Dì'èr Wàiguóyǔ Dàxué　Beijing No.2 Foreign Studies University

4. 日本	Rìběn	国名 Japan	
5. 韩国	Hánguó	国名 the Republic of Korea	
6. 京	Jīng	北京市的简称 short form for Beijing	
7. 津	Jīn	天津市的简称 short form for Tianjin	
8. 沪	Hù	上海市的别称 another name for Shanghai	
9. 广州	Guǎngzhōu	城市名 name of a city	
10. 长春	Chángchūn	城市名 name of a city	
11. 意大利	Yìdàlì	国名 Italy	
12. 加拿大	Jiānádà	国名 Canada	
13. 澳大利亚	Àodàlìyà	国名 Australia	
14. 国家教委	Guójiā Jiàowěi	机关名 State Education Commission	

练 习

一、画线连词：

参加	技术	增加	仪器
设立	考试	离开	战争
拿到	机构	测试	知识
掌握	文凭	爆发	家乡

二、填写课文涉及到的国家和中国城市名称：

1. 国家名称：

2. 中国城市名称：

三、连句：

1. A 在京工作、学习的3000多名外国人
   B 参加汉语水平考试
   C 早早地就赶到北京语言大学
   （1）　　　（2）　　　（3）

2. A 拿到了

　　B 全世界已有115个国家的6万余人

　　C 汉语水平考试合格证书

　　(1)　　　　(2)　　　　(3)

3. A 考点

　　B 日本、意大利、加拿大、澳大利亚等16个国家和地区

　　C 也均有

　　(1)　　　　(2)　　　　(3)

4. A 他们

　　B 汉语水平证书

　　C 希望能拿到

　　(1)　　　　(2)　　　　(3)

5. A 汉语水平考试

　　B 必须通过

　　C 外国人要到中国的高等院校学习非汉语专业

　　(1)　　　　(2)　　　　(3)

四、比较 A、B 两句的意思是否相同：

1. A 目前，全世界已有9万多人参加了汉语水平考试。

　　B 目前，全世界参加汉语水平考试的已有9万多人。

2. A 此次参加考试年龄最大的是位77岁的日本老先生。

　　B 77岁的日本老先生是历次参加考试者中的年龄最大的人。

3. A 昨天清晨，在京工作、学习的3000多名外国人早早地就赶到北京语言大学等校参加汉语水平考试。

　　B 昨天清晨，早早地就赶到北京语言大学等校参加汉语水平考试的是在京工作、学习的3000多名外国人。

4. A 汉语水平考试自1988年首次实行至今，全世界已有115个国家的6万余人拿到了汉语水平考试合格证书。

　　B 在1988年的首次汉语水平考试中，全世界115个国家的6万人拿到了汉语水平考试合格证书。

5. A 国家教委曾明文规定，外国人要到中国的高等院校学习非汉语专业必须通过汉语水平考试。

　　B 国家教委曾明文规定，外国人必须通过汉语水平考试才能到中国的高等院校学习非汉语专业。

五、快速阅读：

北京语言大学培养"中国通"

　　本报讯　北京语言大学在第12个教师节之际，迎来了它的双喜临门——建校34周年暨更改校名庆典。北京语言大学创办于1962年，原名"北京语言学院"。建校三十多年来，

已经为世界上150多个国家和地区培养了4万多名懂汉语、熟悉中华文化的外国留学生。

（王奕奕）

选自1996年9月18日《人民日报》

阅读（一）

来华留学生人数倍增

本报讯 （记者郭小景）1995年来华留学生总数已达3.6万余人，是1978年的29倍。

据了解，留学生来华求学数量上呈现的是翻倍增长的趋势。1979年，我国共接收了40余个国家的1953名来华留学生，到1994年其数量已发展到了2.7万人。

其中，政府间协议互换的奖学金学生近4000人，其他渠道的2.3万人，是1978年的15倍，派遣来华留学生的国家也发展到了149个国家。而1995年来华留学生又是一个突增，总数已达到3.6万余人，是1978年的29倍，分别来自156个国家。

国家教委高教司副司长朱传礼还介绍说，来华留学生层次也由原来单一的进修生向多层次、高层次发展，包括进修生、本科生、硕士生和博士生等，1995年硕士、博士生已达1418人。专业也发展到包括文、理、工、农、医、艺术、体育等学科的80多个专业，有资格和条件接受外国留学生的院校已达283所。

朱副司长说，大量的留学生来华学习，给我国带来良好的政治效益、社会效益和经济效益，同时也显示了我国综合实力的增强。今后留学生来华人数将会继续增长，我们正在逐渐建立和完善社会主义市场经济体制的过程中创造规范的、良好的来华留学条件，保证培养质量，使我国教育外事健康有序发展。

选自1996年2月27日《北京青年报》

生　　词

1. 呈现	（动）	chéngxiàn		appear; emerge
2. 趋势	（名）	qūshì		trend; tendency
3. 协议	（动、名）	xiéyì		agree on; agreement
4. 奖学金	（名）	jiǎngxuéjīn		scholarship
5. 渠道	（名）	qúdào		channel
6. 派遣	（动）	pàiqiǎn		send; dispatch
7. 层次	（名）	céngcì		level
8. 进修生	（名）	jìnxiūshēng		students engaging in advanced studies
9. 本科生	（名）	běnkēshēng		undergraduate
10. 硕士生	（名）	shuòshìshēng		graduate student for a Master's degree
11. 博士生	（名）	bóshìshēng		doctorial student

12. 专业	（名）	zhuānyè	speciality
13. 学科	（名）	xuékē	subject
14. 资格	（名）	zīgé	qualification
15. 效益	（名）	xiàoyì	benefit
16. 显示	（动）	xiǎnshì	show; display
17. 综合	（动、形）	zōnghé	synthesize; synthetical
18. 实力	（名）	shílì	strength
19. 完善	（动、形）	wánshàn	perfect
20. 体制	（名）	tǐzhì	system of organization
21. 规范	（形、名）	guīfàn	standard; norm
22. 有序		yǒu xù	orderly

判断正误

1. 1978年的来华留学生只有1995年的二十九分之一。（ ）
2. 1994年，有149个国家向我国派遣留学生。（ ）
3. 1978年的来华留学生分别来自156个国家。（ ）
4. 原来的来华留学生都是进修生。（ ）
5. 我国的社会主义市场经济体制已经建立和完善。（ ）
6. 今后外国来华学习的留学生将会继续增多。（ ）

阅读（二）

住居民楼的"老外"

合居的"老外"

25岁的弘述来自汉城，他在北京一家合资公司当雇员，通过公司里中方雇员的介绍，在居民楼里租了一套两居室，月租金2000元人民币，不过，公司每天给他30美金的住房补助。不久他认识了另一家公司的日本职员、23岁的渡边一雄，两人很谈得来，就合住这个两居室，租金两人分摊。他们还订了一份《北京晚报》，晚上坐在客厅里看电视里的新闻联播，早上一起去上班。

体味"百姓生活"

韩国的金宣郁原来和公司另一位韩方职员住在一套高级公寓里，半年后，金先生把爱人和孩子接到了北京，再住在公寓里已经感到诸多不便。他想租一套民居，只有一个条件，买菜要方便。在中国朋友的帮助下，租了东城的一套两居室，月租金4000元，爱人每天呆在家里，小女儿金殊每天坐小巴到芳草地小学上学。楼下每天都有早市，金先生喜欢兜里揣着弹簧秤去采买一些蔬菜，他说北京的物价真便宜，老百姓花不了太多的钱就可以吃到很多东西。在汉城，市场上一条带鱼合人民币150元钱，一个苹果也要合人民币20元钱，北京人真有口福，冬天也能天天吃上苹果。

（梅菊 艳芳）

节选自1996年2月3日《北京青年报》

生　　词

1.	老外	（名）	lǎowài	foreigner
2.	合资公司		hé zī gōngsī	joint ventures
3.	雇员	（名）	gùyuán	employee
4.	租金	（名）	zūjīn	rent
5.	补助	（动）	bǔzhù	subsidize; allowance
6.	体味	（动）	tǐwèi	appreciate
7.	公寓	（名）	gōngyù	apartment
8.	民居	（名）	mínjū	local-style dwelling house; a house/an apartment owned by a citizen
9.	早市	（名）	zǎoshì	morning market
10.	弹簧秤	（名）	tánhuángchèng	spring balance
11.	口福	（名）	kǒufú	gourmet's luck

专　　名

1.	弘述	Hóng Shù	人名 name of a person
2.	汉城	Hànchéng	城市名 Seoul
3.	渡边一雄	Dùbiānyīxióng	人名 name of a person
4.	北京晚报	Běijīng Wǎnbào	报纸名 name of a newspaper
5.	芳草地小学	Fāngcǎodì Xiǎoxué	小学名 name of an elementary school

用指定的词语回答问题

1. 25岁的弘述是从哪国来的？　　　　　　　　　　　　　　　　　　　（来自）
2. 弘述和渡边一雄晚上看什么电视节目？　　　　　　　　　　　　　（新闻联播）
3. 金先生把爱人和孩子接到了北京,再住在公寓里感到方便吗？　　（诸多）
4. 北京的带鱼和苹果都比汉城便宜,对此,金先生是怎么说的？　　　（口福）

阅读（三）

"汉语热"遍及世界

目前,世界上已有大约60个国家,1000多所各类学校开设了汉语课,不少大学设置了中文系,有的国家的中、小学也把汉语课列入教学课程。美国已有200多所高校创办了中文专业或中文系,进修汉语的大学生有1.3万人。

在日本,学汉语的在校学生约有10万人,如果将通过电视、广播等形式学习汉语的学员计算在内,估计已达百万人。

在法国,巴黎第三大学创办了世界上最大的中文系,共有学生1800名。德国目前在各大学学习汉语的人数超过2000人。荷兰有汉语学校20多所,学生3000多人。

加拿大汉语普及率仅次于英、法语,使用人数达40多万。

澳大利亚38所大学中有近2/3的大学设有汉语课。

(《中国教育报》96.5.29　李桢丽　文)
节选自1996年6月6日《文摘报》

生　词

1. 汉语热	（名）	hànyǔrè	Chinese craze
2. 设置	（动）	shèzhì	set up
3. 创办	（动）	chuàngbàn	establish
4. 进修	（动）	jìnxiū	engage in advanced studies
5. 广播	（动、名）	guǎngbō	broadcast
6. 普及	（名）	pǔjí	popularization

专　名

1. 法国		Fǎguó	国名 France
2. 巴黎第三大学		Bālí Dì-sān Dàxué	大学名 University of Paris Ⅲ
3. 德国		Déguó	国名 Germany

回答问题

1. 为什么说"汉语热"遍及全世界？
2. 请你谈谈你们国家学习汉语的情况。

第 二 课

> 提示：
> 1981年美国首次发现艾滋病病例，到目前为止，全世界约有2180万人感染了艾滋病病毒，其中，我国约有10万人。因此，与艾滋病斗争是全世界人民的共同任务。

课　文

同一世界　同一希望
"世界艾滋病日"在北京

本报讯（记者蓝燕）12月1日是第九个"世界艾滋病日"，今年世界卫生组织确立的主题是"同一世界，同一希望"。面对全球所有国家至今被艾滋病病毒所感染的2790万人和我国目前在28个省、自治区、直辖市发现的5157例感染者，国内外的艾滋病防治部门和民间组织都强调：艾滋病是一个全球性的公共卫生和社会问题，它对人类健康与生命的威胁和对社会经济发展与进步的危害是不分地区、不分国家、不分种族、不分人群的。艾滋病是一个需要全人类共同努力去战胜的瘟神。

北京于12月1日在人民大会堂召开了座谈会并举办了专题展览。记者了解到：截至今年6月底，全球的770万艾滋病病人中已有580万人死亡。现在，艾滋病正以每天8500个新感染者的速度发展。预计到本世纪末，全球将有4000万人被感染，其中90%发生在发展中国家；亚洲的感染人数将超过非洲；艾滋病病人的人数将累计超过1000万；全球5岁以下儿童将有500万人通过母婴传播途径被感染。

我国的艾滋病传播速度明显加快，并有倍增趋势，流行形势十分严峻。至今年10月底，已累计有133个感染者发病。尽管我国艾滋病感染率仍处在世界较低水平，但仍必须抓住当前的关键时刻，不失时机地加大防治工作的力度。

卫生部有关主管官员在座谈会上说：世界人民希望有一种治疗艾滋病的方法，有一种疫苗，希望结束对活着的艾滋病病毒感染者和艾滋病病人的歧视。虽然目前艾滋病仍然很难治愈，但一些国家已报告了成功的预防控制经验，联合用药治疗艾滋病也出现了可喜的进展,这些都使人们看到了征服艾滋病的曙光。"同一世界,同一希望"的主题鼓励全世界的人民以乐观的态度与艾滋病做斗争。

选自1996年12月2日《中国青年报》

生　　词

1. 艾滋病　　　（名）　　　àizībìng　　　　　　AIDS
   全称为"获得性免疫缺损综合症"或"后天性免疫缺陷综合症",是一种由病毒感染而引起的破坏人体免疫系统的传染病。也写作爱滋病。
2. 确立　　　　（动）　　　quèlì　　　　　　　establish
3. 主题　　　　（名）　　　zhǔtí　　　　　　　theme
4. 病毒　　　　（名）　　　bìngdú　　　　　　virus
5. 感染　　　　（动）　　　gǎnrǎn　　　　　　infect
6. 防治　　　　（动）　　　fángzhì　　　　　　provide prevention and cure
   预防和治疗。
7. 部门　　　　（名）　　　bùmén　　　　　　department
8. 强调　　　　（动）　　　qiángdiào　　　　　stress
9. 危害　　　　（动）　　　wēihài　　　　　　harm;endanger
10. 种族　　　　（名）　　　zhǒngzú　　　　　　race
11. 瘟神　　　　（名）　　　wēnshén　　　　　　god of plague
12. 举办　　　　（动）　　　jǔbàn　　　　　　　conduct;hold
13. 展览　　　　（动、名）　zhǎnlǎn　　　　　　exhibit;show
14. 预计　　　　（动）　　　yùjì　　　　　　　　estimate
15. 发展中国家　　　　　　　fāzhǎn zhōng guójiā　developing country
    一般指第三世界国家。由于历史的原因,这些国家经济上大都比较落后。
16. 累计　　　　（动）　　　lěijì　　　　　　　add up
17. 传播　　　　（动）　　　chuánbō　　　　　　spread
18. 途径　　　　（名）　　　tújìng　　　　　　　way;channel
19. 流行　　　　（动）　　　liúxíng　　　　　　popular
20. 严峻　　　　（形）　　　yánjùn　　　　　　　stern
21. 关键　　　　（名）　　　guānjiàn　　　　　　key;crux
22. 力度　　　　（名）　　　lìdù　　　　　　　　dynamics
    指力量大小的程度;力量的强度。
23. 疫苗　　　　（名）　　　yìmiáo　　　　　　　vaccine
24. 歧视　　　　（动）　　　qíshì　　　　　　　discriminate against
25. 控制　　　　（动）　　　kòngzhì　　　　　　control
26. 征服　　　　（动）　　　zhēngfú　　　　　　conquer
27. 曙光　　　　（名）　　　shǔguāng　　　　　　first light of morning
28. 鼓励　　　　（动）　　　gǔlì　　　　　　　　encourage

29. 乐观　　　　（形）　　　　lèguān　　　　optimistic

专　名

1. 世界卫生组织　　　　　　　机构名
   Shìjiè Wèishēng Zǔzhī　　　World Health Organization
2. 人民大会堂　　　　　　　　建筑名
   Rénmín Dàhuìtáng　　　　　the Great Hall of the People
3. 卫生部　　　　　　　　　　机关名
   Wèishēngbù　　　　　　　　Ministry of Public Health

练　习

一、用下列动词分别组成动宾短语：

例：控制——控制局势

确立——　　　　　　　　　　　了解——

鼓励——　　　　　　　　　　　危害——

举办——　　　　　　　　　　　传播——

防治——　　　　　　　　　　　征服——

二、用指定的词语完成句子：

1. 目前，我国在28个省、自治区、直辖市_____。（发现）
2. 艾滋病是一个需要全人类共同努力去_____。（战胜）
3. 我国的艾滋病_____。（传播）
4. 世界人民希望有一种_____。（治疗）
5. 联合用药治疗艾滋病也_____。（出现）

三、比较A、B两句的意思是否相同：

1. A 在第九个"世界艾滋病日"，今年世界卫生组织确立的主题是"同一世界，同一希望"。

   B 在第九个"世界艾滋病日"，"同一世界，同一希望"是今年世界卫生组织确立的主题。

2. A 艾滋病是一个全球性的公共卫生和社会问题。

   B 全球性的公共卫生和社会问题就是艾滋病。

3. A 截至今年6月底，全球已有580万艾滋病病人死亡。

   B 今年6月底，全世界死亡的艾滋病病人有580万。

4. A 至今年10月底，我国已累计有133个艾滋病病毒感染者发病。

   B 到今年10月底，我国的艾滋病病毒感染者中共有133人发病。

四、选择正确答案：

1. 全球至今被艾滋病病毒感染的人有

   A 5157人　　　　　　　　　　C 2790万人

   B 770万人　　　　　　　　　 D 4000万人

2. 预计到本世纪末,全球被艾滋病病毒感染的人有
   A 500万人   C 4000万人
   B 1000万人   D 580万人

3. 预计到本世纪末,全球感染艾滋病病毒人数最多的是
   A 美洲国家   C 亚洲国家
   B 欧洲国家   D 非洲国家

4. 在中国
   A 艾滋病传播速度很慢,将来也不会流行
   B 尚未发现艾滋病病人
   C 艾滋病感染率处在世界较高水平
   D 艾滋病感染率处在世界较低水平

5. 对于艾滋病,人们
   A 现在尚无法预防
   B 永远也无法治愈
   C 将很快找到治愈的方法
   D 已有一些预防的经验和用药物治疗的可喜进展,将来有可能征服艾滋病

五、快速阅读:

全世界平均每天增加8000余名艾滋病患者

新华社上午供本报专电 联合国人口基金会日前发布的一份关于今年度人口状况问题的报告说,全世界平均每天有8500人染上艾滋病病毒。目前全球约有艾滋病患者2940万人。

报告指出,有42%的成年患者是女性,而新患者中的大多数人年龄在15岁到24岁之间,他们中有3%~5%的人是通过输了被艾滋病病毒污染的血传染的。吸毒者使用被病毒污染过的注射器传染上艾滋病的,要占世界艾滋病患者总数的5%~10%。

选自1997年6月2日《北京晚报》

阅读（一）

我国艾滋病流行进入"第三个阶段"

本报讯 （记者杜海岚） 记者日前从卫生部了解到,近年来我国的艾滋病流行趋势与周边国家相比总体上还处在低流行阶段,但是由于各种因素的变化,艾滋病和性病在国内流行的区域和波及的人群日渐扩大,流行局面已变得更加严峻和复杂。

卫生部负责人指出,我国周边国家艾滋病流行的教训应引起我们的高度警觉和重视。我国从1985年发现首例艾滋病病例至今已经历了三个发展阶段:1989年前艾滋病病毒从国外传入,感染者散布于沿海及开放城市;1989年以后在静脉注射毒品人群中发现成批的艾滋病病毒感染者;1995年全年共报告艾滋病病毒感染者1567例,是我国艾滋

病病毒感染者和艾滋病病例报告最多的一年,也标志着我国艾滋病的流行进入了第三个阶段。特别应引起国人注意的是,以前在我国艾滋病病毒只限于血液传播和性传播,目前已发展到母婴传播,感染病例已被发现。

这位负责人认为,目前我国艾滋病流行已具备了大面积爆发流行的条件,面临发病率急速上升的威胁,也就是说艾滋病预防和控制已到了一个关键时期。该负责人还分析了我国目前存在的构成艾滋病进一步流行发展的危险因素:大量的流动人群和高密度的人口为艾滋病的传播蔓延提供了更大的机会;吸毒、卖淫嫖娼、性病是艾滋病病毒流行传播的土壤与温床;农村医疗卫生条件和预防消毒工作薄弱,存在艾滋病病毒医源性传播的危险性;职业性供血现象严重造成艾滋病病毒经采血途径传播的危险性;性活跃人群性观念变化和安全性行为知识欠缺,增加了艾滋病防治工作的难度。

选自1996年11月16日《法制日报》

生　　词

1.	周边	(名)	zhōubiān	around
2.	因素	(名)	yīnsù	factor
3.	性病	(名)	xìngbìng	venereal disease
4.	波及	(动)	bōjí	spread to
5.	扩大	(动)	kuòdà	expand
6.	复杂	(形)	fùzá	complicated
7.	教训	(动、名)	jiàoxùn	teach somebody a lesson; lesson
8.	警觉	(名)	jǐngjué	vigilance
9.	经历	(动)	jīnglì	go through
10.	静脉	(名)	jìngmài	vein
11.	注射	(名)	zhùshè	inject
12.	标志	(名、动)	biāozhì	sign; mark
13.	具备	(动)	jùbèi	possess
14.	蔓延	(动)	mànyán	spread
15.	温床	(名)	wēnchuáng	hotbed

判断正误

1. 艾滋病在我国的流行比在我国周边国家的流行严重。(　)
2. 艾滋病在我国流行的区域越来越大。(　)
3. 我国第一个艾滋病病例是在1985年发现的。(　)
4. 我国的艾滋病病毒感染者和艾滋病病例报告最多的一年是1989年。(　)
5. 目前,艾滋病已在我国大面积流行。(　)
6. 目前是我国预防和控制艾滋病的关键时期。(　)

阅读 （二）

艾滋病毒猛于虎

艾滋病毒正快速向我们逼近,到本世纪末,没有任何国家能够幸免。要想有效预防,只有洁身自好。

今年12月1日是1988年以来国际第九个抗艾滋病日。据联合国抗艾滋病计划署11月28日公布的最新统计,1996年世界上150万人死于艾滋病;艾滋病病毒感染新病例310万个,每天平均8500起;世界上目前共有艾滋病病毒携带者2260万人。

自80年代初发现以来,艾滋病来势凶猛,迄今被感染的累计总数为2940万人,死于艾滋病的累计总数已达640万人,估计到2000年艾滋病病毒感染者将达到4000万人,没有任何一个国家能幸免。

非洲是艾滋病的"重灾区",仅非洲撒哈拉以南地区目前就有艾滋病病毒携带者1400万。在发达国家中,美国的艾滋病病毒携带者最多,为75万人;西欧被感染者共有51万人。但总的说来,艾滋病在不少发达国家中的感染率已慢慢趋于平稳。

亚洲曾是艾滋病染指较晚的地区,但近年来,亚洲正逐渐取代非洲,成为艾滋病病毒感染病例最多的地区。另一个以往较少受到侵害的地区,中东欧地区的感染率近年来也直线上升。

联合国抗艾滋病计划署署长皮约特在世界抗艾滋病日前夕呼吁各国科研和医药界集中人力财力,争取尽早发明有效的免疫疫苗,但他同时指出,迄今为止,预防仍是惟一可行的免疫方法。他呼吁国际社会充分重视防止艾滋病传播的宣传教育,让广大民众,特别是青年人了解,艾滋病主要是通过性关系和共用针头吸毒两个渠道传播的,因而必须"洁身自好"并拥有"常备不懈的自我保护意识"。 （钱慰曾）

节选自1996年12月2日《北京青年报》

生　词

1. 逼近	（动）	bījìn	approach
2. 洁身自好	（成）	jié shēn zì hào	refuse to be contaminated by an evil influence
3. 统计	（动）	tǒngjì	statistics
4. 凶猛	（形）	xiōngměng	violent
5. 重灾区	（名）	zhòngzāiqū	severely afflicted area
6. 取代	（动）	qǔdài	replace
7. 侵害	（动）	qīnhài	encroach
8. 呼吁	（动）	hūyù	appeal

专　　名

1. 联合国抗艾滋病计划署　Liánhéguó Kàng'àizībìng Jìhuàshǔ　机构名
　　UN Anti-AIDS Programme

2. 非洲撒哈拉　Fēizhōu Sāhālā　地名
　　African Sahara

3. 美国　Měiguó　国名
　　the United States

4. 皮约特　Píyuētè　人名
　　name of a person

回答问题

1. 为什么说艾滋病来势凶猛？
2. 如何有效预防艾滋病？

阅读（三）

全球640万人死于艾滋病

新华社日内瓦电　（记者陈维斌）联合国艾滋病联合计划署28日在日内瓦发表的一份公报说，1996年因患艾滋病而死亡的人数估计为150万，从而将使全世界艾滋病死亡人数增至640万。

总部设在日内瓦的艾滋病计划署是在纪念世界艾滋病日之前发表这份公报的。公报呼吁世界各国加倍努力，重视预防艾滋病毒的感染。

公报说，估计到今年底，全世界感染艾滋病毒的人数将达2200多万，其中撒哈拉以南非洲地区人数最多，为1400万，其次为南亚和东南亚地区，为520万。

公报说，今年新感染艾滋病毒者估计为310万，其中40%是儿童，而在新感染的成年人中，绝大部分是25岁以下的青年人，妇女约占其中的50%。公报指出，在中东欧和亚洲地区，妇女和儿童受感染的威胁尤为严重。

公报说，近几年以来，虽然全世界经过努力，在防治艾滋病方面取得了一些进展，但由于广大发展中国家受到医疗和卫生条件的制约，艾滋病毒的感染仍在这些国家迅速蔓延。

选自1996年12月2日《人民日报》

生　　词

1. 发表　（动）　fābiǎo　publish; issue

2. 公报	（名）	gōngbào	communiqué
3. 纪念	（动）	jìniàn	commemorate
4. 严重	（形）	yánzhòng	serious
5. 医疗	（名）	yīliáo	medical treatment
6. 制约	（动）	zhìyuē	restrict

专　名

| 日内瓦 | Rìnèiwǎ | 城市名 Geneva |

回答问题

1. 估计到今年底，全世界感染艾滋病病毒的人数有多少？分布情况如何？
2. 今年新感染艾滋病病毒者有多少人？受感染的大多是什么人？

第 三 课

提示：
中华人民共和国已与世界160多个国家建立了外交关系。中国与世界各国的友好往来越来越多。中国人民的朋友遍天下。

课 文

钱其琛与泰国外长会谈

新华社北京4月3日电（记者罗辉）国务院副总理兼外长钱其琛今天上午在钓鱼台国宾馆与陪同差瓦立总理访华的泰国外长巴蜀·猜耶讪举行会谈，双方就双边关系和共同关心的国际问题交换了意见。

两国外长一致认为，本地区国家增进相互信任、建立广泛联系、加强各个领域的合作有利于地区的和平、稳定与发展，值得欢迎。他们强调，各国的事情应由各国独立自主地决定，地区的事务应该由本地区各国平等协商处理，外部世界理应尊重本地区国家的选择。

钱其琛表示，中国一贯主张通过和平谈判妥善解决国与国之间存在的问题和争议。巴蜀对此表示肯定和欢迎。

两位外长积极评价东盟地区论坛在增进本地区国家间信任和维护地区安全方面的作用。他们希望继续在东盟地区论坛范围内加强交流与合作，共同致力于维护本地区持久的和平与稳定。

在谈到亚欧会议时，钱其琛指出，一年前在曼谷举行的首届亚欧会议和不久前在新加坡举行的亚欧外长会议都取得了积极的成果，希望这一良好的势头继续保持下去，亚欧各国可以在亚欧会议上从多方面进行平等和相互尊重的交流和对话，但重点仍应是经济合作。

巴蜀表示，泰国赞成中国对于亚欧会议的主张，两国在这方面可以进一步开展合作。

两位外长还介绍了各自国家的对外关系情况，并就香港回归后为港泰人员来往提供便利、中泰共同打击国际犯罪、加强禁毒合作和区域航运合作等问题达成了共识。

外交部副部长唐家璇、泰国驻华大使倪岷、泰国外交部次长沙洛等参加了会谈。今天上午，中泰两国经贸、交通、工矿等有关部长也进行了对口会谈。

选自1997年4月4日《人民日报》

生　　词

1. 外长　　　（名）　　wàizhǎng　　　　Minister of Foreign Affairs
   外交部长的简称。
2. 会谈　　　（动）　　huìtán　　　　　talk
3. 陪同　　　（动）　　péitóng　　　　　accompany
4. 举行　　　（动）　　jǔxíng　　　　　hold (a meeting, ceremony, etc.)
5. 交换　　　（动）　　jiāohuàn　　　　exchange
6. 增进　　　（动）　　zēngjìn　　　　　promote
7. 信任　　　（动）　　xìnrèn　　　　　trust
8. 广泛　　　（形）　　guǎngfàn　　　　extensive
9. 领域　　　（名）　　lǐngyù　　　　　field
10. 独立自主　（成）　　dúlì zìzhǔ　　　maintain independence and keep the initiative in one's own hands
    自己掌握自己的命运，不依赖别人，也不受别人的支配和控制（多指一个国家）。
11. 协商　　　（动）　　xiéshāng　　　　consult
12. 尊重　　　（动）　　zūnzhòng　　　　respect
13. 选择　　　（动）　　xuǎnzé　　　　　select
14. 一贯　　　（副）　　yíguàn　　　　　all along
15. 主张　　　（动、名）zhǔzhāng　　　　advocate; proposal
16. 谈判　　　（动）　　tánpàn　　　　　negotiate
17. 妥善　　　（形）　　tuǒshàn　　　　　appropriate
18. 评价　　　（动、名）píngjià　　　　　evaluate; evaluation
19. 维护　　　（动）　　wéihù　　　　　　safeguard
20. 交流　　　（动）　　jiāoliú　　　　　exchange
21. 持久　　　（形）　　chíjiǔ　　　　　lasting
22. 对话　　　（动、名）duìhuà　　　　　have a conversation; dialogue
    指国际上两方或几方之间直接接触或谈判；两个或更多的人之间的谈话。
23. 赞成　　　（动）　　zànchéng　　　　approve
24. 介绍　　　（动）　　jièshào　　　　　introduce
25. 禁毒　　　　　　　　jìn dú　　　　　ban on narcotics
26. 共识　　　（名）　　gòngshí　　　　　common understanding
    共同的看法；一致的认识。
27. 经贸　　　（名）　　jīngmào　　　　　trade and economy
    经济与贸易的合称。
28. 工矿　　　（名）　　gōngkuàng　　　　industry and mining industry
    工业与矿业的合称。
29. 对口　　　（形）　　duìkǒu　　　　　counterpart
    互相联系的两方在工作内容和性质上相一致。

专　名

1. 泰国　　　　　　　Tàiguó　　　　　　　国名
　　　　　　　　　　　　　　　　　　　Thailand
2. 钓鱼台国宾馆　　　Diàoyútái Guóbīnguǎn　国宾馆名
　　　　　　　　　　　　　　　　　　　name of the state guesthouse in China
3. 巴蜀·猜耶讪　　　Bāshǔ·Cāiyēshàn　　　人名
　　　　　　　　　　　　　　　　　　　name of a person
4. 曼谷　　　　　　　Màngǔ　　　　　　　城市名
　　　　　　　　　　　　　　　　　　　Bangkok

练　习

一、画线连词：

会见　　友谊　　　　取得　　条件
增进　　外宾　　　　提供　　成就
稳定　　会谈　　　　维护　　客人
举行　　物价　　　　陪同　　和平

二、找出下列句中的简称词语：

1. 两位外长积极评价东盟地区论坛在增进本地区国家间信任和维护地区安全方面的作用。
2. 钱其琛指出，一年前在曼谷举行的首届亚欧会议和不久前在新加坡举行的亚欧外长会议都取得了积极的成果。
3. 两位外长就香港回归后为港泰人员来往提供便利、中泰共同打击国际犯罪、加强禁毒合作和区域航运合作等问题达成了共识。
4. 今天上午，中泰两国经贸、交通、工矿等有关部长也进行了对口会谈。

三、用指定的词语改写句子：

1. 两国外长一致认为，本地区增进相互信任、建立广泛联系、加强各个领域的合作对地区的和平、稳定与发展有利。（有利于）
2. 钱其琛表示，中国从过去到现在都主张通过和平谈判妥善解决国与国之间存在的问题和争议。（一贯）
3. 他们希望继续在东盟地区论坛范围内加强交流与合作，都把力量用在维护本地区持久的和平与稳定上。（致力于）
4. 巴蜀表示，泰国同意中国对亚欧会议的主张。（赞成）
5. 两位外长并就香港回归后为港泰人员来往提供方便等问题达成了共同的认识。（共识）

四、连句：

1. A　中泰双方
　　B　交换了意见

C　就双边关系和共同关心的国际问题
　　（1）　　　　（2）　　　　（3）

2．A　中国一贯主张
　　B　妥善解决国与国之间存在的问题和争议
　　C　通过和平谈判
　　（1）　　　　（2）　　　　（3）

3．A　赞成
　　B　中国对于亚欧会议的主张
　　C　泰国
　　（1）　　　　（2）　　　　（3）

4．A　也进行了
　　B　对口会谈
　　C　中泰两国经贸、交通、工矿等有关部长
　　（1）　　　　（2）　　　　（3）

五、快速阅读：

安 南 将 访 华

新华社北京3月26日电　外交部发言人朱邦造今天在记者招待会上宣布：应中国政府的邀请，联合国秘书长科菲·安南将于3月31日至4月1日对中国进行正式访问。

　　朱邦造说，在华期间，安南将与中国领导人就联合国事务及双方共同关心的国际问题交换意见。

　　他说："我们相信安南先生此次访华将有助于加强中国与联合国之间业已存在的友好合作关系。"

选自1998年3月27日《人民日报》

阅读（一）

朱镕基总理抵英进行正式访问
英女王伊丽莎白二世会见朱镕基总理

本报伦敦3月31日电　记者李文政、蒋千红报道：应英国首相布莱尔的邀请，国务院总理朱镕基于3月31日抵达伦敦，开始对英国进行正式访问。

　　当天下午，英国女王伊丽莎白二世在温莎宫会见了朱镕基总理，宾主进行了友好的谈话。

　　朱镕基首先转达了江泽民主席对女王的亲切问候。女王对此表示感谢，并请朱镕基转达她对江主席再次当选为国家主席的热烈祝贺。

　　朱镕基说，中英两国都是世界上伟大的国家，具有悠久的历史和灿烂的文化。两国人民勤劳勇敢，富于创造精神，为社会的发展和人类的进步做出过积极的贡献。香港顺利回归后,中英关系进入了一个新阶段。希望两国的友好合作关系有进一步的发展。这符合两国和两国人民的根本利益,也有助于世界的和平、稳定与繁荣。

女王说,英中关系进入了新阶段,令人鼓舞。女王愉快地回忆起1986年对中国的访问,她说那次访问给她留下了深刻的印象。她还说,听说上海和其他城市发生了巨大的变化。香港现在的情况也很好。

朱镕基介绍了中国的经济发展情况和香港的形势。

女王的丈夫菲利浦亲王、朱镕基的夫人劳安、外交部长唐家璇、中国驻英大使马振岗会见时在座。

抵英时,英首相特别代表、外交国务大臣法切特、英国驻华大使高德年等到机场迎接。

选自1998年4月1日《人民日报》

生　　词

1.	邀请	(动)	yāoqǐng	invite
2.	抵达	(动)	dǐdá	arrive
3.	转达	(动)	zhuǎndá	pass on
4.	表示	(动)	biǎoshì	express
5.	当选	(动)	dāngxuǎn	be elected
6.	悠久	(形)	yōujiǔ	long
7.	灿烂	(形)	cànlàn	splendid
8.	勤劳	(形)	qínláo	diligent
9.	贡献	(动、名)	gòngxiàn	contribute; contribution
10.	繁荣	(形)	fánróng	prosperous
11.	鼓舞	(动)	gǔwǔ	inspire

专　　名

1.	英国	Yīngguó	国名 the United Kingdom
2.	布莱尔	Bùláiěr	人名 Blair
3.	伦敦	Lúndūn	城市名 London
4.	伊丽莎白	Yīlìshābái	人名 Elizabeth
5.	菲利浦	Fēilìpǔ	人名 Philip
6.	法切特	Fǎqiètè	人名 Fachet

判断正误

1. 朱镕基总理是应英女王伊丽莎白二世的邀请对英进行正式访问的。（ ）
2. 3月31日下午，伊丽莎白二世会见了朱镕基总理，宾主进行了友好谈话。（ ）
3. 朱总理在会见伊丽莎白二世时，首先转达了江泽民主席对女王的亲切问候。（ ）
4. 伊丽莎白二世对朱总理说，中英两国都是世界上伟大的国家，具有悠久的历史和灿烂的文化。（ ）
5. 朱总理说，通过这次访问，中英关系进入了一个新阶段。（ ）
6. 英女王伊丽莎白二世曾经访问过中国。（ ）

阅读（二）

中韩建交五周年招待会在京举行

本报讯 记者宋群报道 为庆祝中韩建交五周年，韩国驻华大使馆于8月22日在京举行了纪念招待会。韩国副总理姜庆植，中国国务院秘书长罗干、外交部部长助理武韬分别代表两国政府出席了招待会。一些国家的驻华使节以及各界友好代表共700多人也应邀出席了招待会。

韩国驻华大使郑钟旭首先代表韩国政府发表了热情洋溢的致辞。他说，在韩中建交五周年之际举行这个纪念活动具有深远的意义。在过去的五年间，韩中两国关系取得了长足的发展，正朝着21世纪共同繁荣的目标迈进。相信这一发展潮流是任何力量都阻挡不了的。

中国外交部部长助理武韬在致辞中说，中韩建交使两国关系进入了一个新的发展阶段。政治上，两国领导人多次互访和会晤，加深了相互了解与信任。经济上，双边贸易额连年大幅度增长，经贸合作成果显著。在国际事务中，两国相互尊重，平等相待，保持了良好的合作势头。在当今世界正朝着多极化方向发展的形势下，中韩两国作为亚洲的重要国家，发展睦邻友好关系，符合两国人民的根本利益，也有利于本地区和亚洲地区的和平、稳定与发展。

选自1997年8月23日《经济日报》

生　词

1. 建交		jiàn jiāo	establish diplomatic relations
2. 招待会	（名）	zhāodàihuì	reception
3. 助理	（名）	zhùlǐ	assistant
4. 出席		chū xí	attend
5. 使节	（名）	shǐjié	envoy
6. 洋溢	（动）	yángyì	brim with
7. 深远	（形）	shēnyuǎn	profound and lasting
8. 长足	（形）	chángzú	by leaps and bounds

9. 迈进	（动）	màijìn	go forward
10. 潮流	（名）	cháoliú	trend
11. 阻挡	（动）	zǔdǎng	resist; stop
12. 会晤	（动）	huìwù	meet
13. 信任	（动）	xìnrèn	trust
14. 幅度	（名）	fúdù	range; extent
15. 保持	（动）	bǎochí	keep
16. 势头	（名）	shìtóu	trend
17. 符合	（动）	fúhé	accord with
18. 根本	（名、形）	gēnběn	fundamental; basic

回答问题

1. 什么人出席了中韩建交五周年招待会？
2. 为什么说中韩建交使两国关系进入了一个新的发展阶段？

阅读（三）

江主席首访印度并会见夏尔马总统

综合新华社新德里11月28日电（记者李家声 刘江 严锋） 中国国家主席江泽民今天在这里会见印度总统夏尔马时说："同印度发展长期稳定的睦邻友好和互利合作关系是我们的既定方针。"

江泽民说："已故周恩来总理和尼赫鲁总理共同倡导的和平共处五项原则，为人类的文明和进步作出了不朽的贡献。应该说，中印友好有着十分坚实的基础。"

夏尔马说："印中两国关系源远流长，而且不断发展，特别是近几年来两国高层互访频繁，推动了双边关系的合作。您的访问将会使印中关系进入一个新的时期。"

江泽民说，当前中印两国面临着发展经济和提高人民生活水平的共同任务，都需要一个和平稳定的外部环境。中印之间没有什么解决不了的问题，两国之间广泛的共同利益远远大于存在的分歧。中国愿同印度一道，在和平共处五项原则(注)的基础上确立面向未来的友好关系，建立建设性的合作伙伴关系。

夏尔马对此表示完全赞同。

会见中，江泽民主席邀请夏尔马总统访问中国，他愉快地接受了邀请。

江主席还分别会见了印度人民院议长桑格马和副总统兼联邦院议长纳拉亚南，还出席了今晚印度总统夏尔马举行的欢迎宴会。

选自1996年11月29日《中国青年报》

注：

和平共处五项原则：

和平共处五项原则是关于处理国家与国家之间关系的原则，内容是：1.互相尊重主权和领土完整； 2.互不侵犯； 3.互不干涉国家内政； 4.平等互利； 5.和平共处。

生　　词

1. 倡导　　（动）　　chàngdǎo　　initiate
2. 坚实　　（形）　　jiānshí　　solid
3. 源远流长（成）　　yuán yuǎn liú cháng　　a distant source and a long stream—of long standing and well established
4. 频繁　　（形）　　pínfán　　frequent
5. 分歧　　（名）　　fēnqí　　difference
6. 伙伴　　（名）　　huǒbàn　　partner
7. 赞同　　（动）　　zàntóng　　approve of

专　　名

1. 印度　　　　Yìndù　　　　国名
   India
2. 夏尔马　　　Xiàěrmǎ　　　人名
   Sharma
3. 尼赫鲁　　　Níhèlǔ　　　 人名
   Nehru
4. 印度人民院　Yìndù Rénmínyuàn　机构名
   Indian House of the People
5. 桑格马　　　Sānggémǎ　　 人名
   Sangma
6. 联邦院　　　Liánbāngyuàn　 机构名
   Federal House
7. 纳拉亚南　　Nàlāyànán　　 人名
   Narayanan

回答问题

1. 中国对印度的既定方针是什么？
2. 和平共处五项原则是谁倡导的？
3. 当前中印两国面临的共同任务是什么？

第 四 课

提示： 和平与发展是当今世界的主题，地球村许多重大问题的解决都需要各国政府和人民的密切合作。愿世界各国人民在复杂多变的事态面前多协商、勤对话，因为这是妥善解决问题的惟一正确的途径。

课　文

亚太经合组织领导人非正式会议举行

本报马尼拉十一月二十五日电 记者徐平报道：亚太经合组织领导人第四次非正式会议今天在菲律宾的海滨城镇苏比克举行。中国国家主席江泽民同来自其他主权成员的领导人和地区成员的代表出席了今天的会议。会议由菲律宾总统拉莫斯主持。

江主席是今天早上从马尼拉乘专机飞抵苏比克的。在苏比克机场，江主席受到菲总统府礼宾司长裴诺和苏比克管理署主席戈登的迎接。

上午九时许，主权成员的领导人和地区成员的代表陆续来到会议厅，他们在会议厅外受到了拉莫斯总统的迎接。会议开始前，各成员领导人在大厅外合影留念；上午十时，领导人非正式会议在拉莫斯总统主持下开始。

这次亚太经合组织领导人非正式会议的主要议题是：落实根据亚太经合组织贸易和投资自由化时间表所制订的单边行动计划和集体行动计划，讨论加强亚太经合组织成员间的经济技术合作问题。

在上午的会议上，江泽民主席就如何推进亚太经合组织成员间的经济技术合作问题发表了重要讲话。江泽民说，亚太地区要保持经济持续增长，既需要亚太各国继续开发和利用自身的经济潜力，也需要进一步加强区域经济合作。

他说，经济技术合作有助于加快发展中成员的经济发展，把潜在市场转化为现实市场，因而也将为发达成员的发展提供广阔的空间。

江泽民说："经济技术合作的根本目的是，将全体成员经济发展多样性转化为互补性，实现共同发展。"

在上午的会议上，其他一些成员的领导人和代表也就地区贸易投资自由化、经济技术合作及其它一些问题发表了意见。

本次会议在通过了《马尼拉行动计划》等三个文件后,于当天下午在此间闭幕。

江主席已于当天乘专机返回马尼拉。

明年的亚太经合组织部长级会议和领导人非正式会议将在加拿大的温哥华举行。

选自 1996 年 11 月 26 日《人民日报》

生　词

1.	海滨	（名）	hǎibīn	seashore
2.	主权	（名）	zhǔquán	sovereign rights
3.	主持	（动）	zhǔchí	chair; uphold
4.	专机	（名）	zhuānjī	special plane
5.	陆续	（副）	lùxù	in succession
6.	留念	（动）	liúniàn	accept or keep as a souvenir
7.	议题	（名）	yìtí	topic for discussion
8.	落实	（动）	luòshí	make sure
9.	制订	（动）	zhìdìng	formulate
10.	推进	（动）	tuījìn	carry forward
11.	持续	（动）	chíxù	continue
12.	开发	（动）	kāifā	develop
13.	潜力	（名）	qiánlì	potential
14.	提供	（动）	tígōng	provide
15.	转化	（动）	zhuǎnhuà	transform
16.	广阔	（形）	guǎngkuò	vast
17.	空间	（名）	kōngjiān	space
18.	互补	（动）	hùbǔ	complement each other

专　名

1.	亚太经合组织	Yàtài Jīnghé Zǔzhī	机构名 Asia-Pacific Economic Co-operation
2.	苏比克	Sūbǐkè	地名 Subic
3.	拉莫斯	Lāmòsī	人名 Ramos
4.	裴诺	Péinuò	人名 Peino
5.	戈登	Gēdēng	人名 Gordon

6. 温哥华　　　　　　Wēngēhuá　　　　　城市名
　　　　　　　　　　　　　　　　　　　　　Vancouver

练　习

一、画线连词：
　　出席　　　　欢迎　　　　　　　主持　　　　决议
　　受到　　　　合作　　　　　　　通过　　　　工作
　　讨论　　　　会议　　　　　　　开发　　　　政策
　　推进　　　　问题　　　　　　　制订　　　　资源

二、用指定的词语完成句子：
　　1. 江泽民主席和其他主权成员的领导人和地区成员的代表_____。（出席）
　　2. 上午九时许，主权成员领导人和地区成员代表陆续来到会议厅，他们在会议厅外_____。（受到）
　　3. 江主席就如何推进亚太经合组织成员间的经济技术合作问题_____。（发表）
　　4. 亚太地区要保持经济持续发展，需要进一步_____。（加强）
　　5. 经济技术合作的根本目的是_____。（实现）

三、比较 A、B 两句的意思是否相同：
　　1. A 亚太经合组织领导人第四次非正式会议今天在菲律宾的海滨城镇苏比克举行。
　　　 B 今天在菲律宾的海滨城镇苏比克举行亚太经合组织领导人第四次非正式会议。
　　2. A 会议由菲律宾总统拉莫斯主持。
　　　 B 菲律宾总统拉莫斯主持会议。
　　3. A 他说，经济技术合作有助于加快发展中成员的经济发展。
　　　 B 他说，加快发展中成员的经济发展对经济技术合作有帮助。
　　4. A 在苏比克机场，江主席受到菲总统府礼宾司长裴诺和苏比克管理署主席戈登的欢迎。
　　　 B 江主席在苏比克机场欢迎菲总统府礼宾司长裴诺和苏比克管理署主席戈登。

四、根据所给语句内容回答问题：
　　1. 亚太经合组织领导人第四次非正式会议今天在菲律宾的海滨城镇苏比克举行。
　　　 问：今天在菲律宾的海滨城镇苏比克举行什么会议？
　　2. 中国国家主席江泽民同来自其他主权成员的领导人和地区成员的代表出席了今天的会议。
　　　 问：出席今天会议的有什么人？
　　3. 江泽民主席就如何推进亚太经合组织成员间的经济技术合作问题发表了重要讲话。
　　　 问：江泽民主席就什么问题发表了重要讲话？
　　4. 经济技术合作有助于加快发展中成员的经济发展。
　　　 问：经济技术合作的作用是什么？

五、快速阅读：

朱镕基将出席亚欧会议
并应布莱尔首相若斯潘总理邀请访问英国法国

新华社北京 3 月 24 日电 外交部发言人朱邦造今天在记者招待会上宣布：国务院总理朱镕基将于 4 月 3 日至 4 日前往伦敦出席第二届亚欧会议。在此前后，朱镕基总理将应大不列颠及北爱尔兰联合王国首相布莱尔、法兰西共和国总理若斯潘的邀请，分别于 3 月 31 日至 4 月 2 日、4 月 5 日至 7 日对上述两国进行正式访问。在英国期间，朱镕基总理还将同欧盟领导人举行会晤。

选自 1998 年 3 月 25 日《人民日报》

阅读（一）

中法经济研讨会在京开幕
李岚清、巴尔出席并讲话

本报北京三月二十日讯 记者赵志文报道：由中国贸促会和法国法中委员会共同举办的"第三届中法经济研讨会"，今天在北京开幕。国务院副总理李岚清到会并致辞。他希望以举办经济研讨会的方法，挖掘中法经贸合作的发展潜力。

李岚清对中国人民的老朋友、法国前总理巴尔先生率众多的法国企业家与会表示热烈的欢迎。

李岚清说，中法两国经济有很强的互补性，中法在经贸合作方面已有许多成功的项目和经验。但相对于法国在国际贸易中的地位，相对于两国经济很强的互补性，相对于中国持续、健康、快速的经济发展来说，中法经贸合作还有很大的发展潜力。

李岚清强调，中国社会主义改革开放和现代化建设的总设计师邓小平同志虽然离开了我们，但他永远扎根在中国大地。以江泽民同志为核心的中国共产党中央和中国政府将继续沿着邓小平同志倡导的建设有中国特色的社会主义道路前进。我们将按照邓小平同志为我国制定的宏伟的经济发展战略，坚持对外开放，争取"九五"期间，外贸进出口年平均增长速度达到 8.5%；同时，积极、合理、有效地利用外资，使中国能以更积极的态势参与国际分工和合作。

法国著名的政治家、经济学家巴尔先生也在开幕式上作了热情洋溢的讲话。

巴尔对中国十几年来所取得的巨大成就表示钦佩，对中国的未来充满信心。巴尔说，近几年来两国在经贸合作方面取得了可喜的进展，但法国企业家并不满足现状，他们希望拓展合作的领域，加强两国中小企业间的合作，促使两国经贸关系再上新台阶。

选自 1997 年 3 月 21 日《人民日报》

生　　词

1. 研讨会　（名）　yántǎohuì　symposium; seminar
2. 开幕　　　　　　kāi mù　　open
3. 挖掘　（动）　wājué　　　unearth
4. 企业家（名）　qǐyèjiā　　entrepreneur
5. 核心　（名）　héxīn　　　core
6. 特色　（名）　tèsè　　　characteristic
7. 宏伟　（形）　hóngwěi　　magnificent
8. 外资　（名）　wàizī　　　foreign capital
9. 钦佩　（动）　qīnpèi　　　admire
10. 拓展　（动）　tuòzhǎn　　expand; develop
11. 台阶　（名）　táijiē　　　a flight of steps

专　　名

1. 巴尔　　　　　　Bā'ěr　　　　　　　　人名
　　　　　　　　　　　　　　　　　　　　Bar
2. 中国贸促会　　　Zhōngguó Màocùhuì　机构名
　　　　　　　　　　　　　　　　　　　　China Council for the Promotion of International Trade（CCPIT）
3. 法国法中委员会　Fǎguó Fǎ-Zhōng Wěiyuánhuì　机构名
　　　　　　　　　　　　　　　　　　　　French-Sino Committee of France

判断正误

1. 中法经济研讨会是由中法两国政府联合举办的。（　）
2. 过去，中法经济研讨会已经举办过两届了。（　）
3. 法国总理巴尔先生是中国人民的老朋友。（　）
4. 中法经贸合作还有很大的发展潜力。（　）
5. 邓小平同志是中国社会主义改革开放和现代化建设的总设计师。（　）
6. 法国企业家希望中法两国经贸关系再上新台阶。（　）

阅读（二）

李光耀谈与中国交往

智　宏

新加坡资政李光耀 11 月 19 日在日本大阪出席《朝日新闻》主办的一个研讨会时说，目前是美国、日本和东盟与中国交往的最佳时机,因为中国政府与人民从来没有像今天这样对外部世界这么开放,为了改善人民生活,中国愿意向任何有意协助他们的国家学习。

　　李光耀强调,美国、欧洲、日本和东盟都可以通过增加贸易、投资来加强与中国的经济合作。

　　他还认为,日本已经是一个经济和科技强国,而在今后的20～30年里,中国的经济将持续发展,在区域和世界上的影响力也会相应增强。中日将如何相处,对亚洲和世界具有深远影响。中日两国经济的相辅相成,可以推动整个东亚的成长与发展。如果中日关系出现波动,东亚及全世界都会受影响。

　　李光耀同时指出,随着苏联的解体,中美关系不再建立在防止共同威胁的基础上。今后如果美国实行遏制中国的政策,欧洲是不会支持的,因为代价太高,而且不可能成功。

节选自 1996 年 11 月 26 日《中国青年报》

生　　词

1. 资政　　（名）　　zīzhèng　　　　　　senior minister
2. 主办　　（动）　　zhǔbàn　　　　　　 sponsor
3. 改善　　（动）　　gǎishàn　　　　　　improve
4. 科技　　（名）　　kējì　　　　　　　　science and technology
5. 相辅相成（成）　　xiāng fǔ xiāng chéng　supplement and complement each other
6. 解体　　（动）　　jiětǐ　　　　　　　　disintegrate
7. 遏制　　（动）　　èzhì　　　　　　　　contain
8. 代价　　（名）　　dàijià　　　　　　　price；cost

专　　名

1. 李光耀　　　　Lǐ Guāngyào　　　人名
　　　　　　　　　　　　　　　　　　Lee Kuan Yew
2. 大阪　　　　　Dàbǎn　　　　　　城市名
　　　　　　　　　　　　　　　　　　Osaka
3. 朝日新闻　　　Zhāorì Xīnwén　　 报纸名
　　　　　　　　　　　　　　　　　　name of a newspaper

回答问题

1. 为什么说目前是美国、日本和东盟与中国交往的最佳时期?
2. 中日关系对亚洲与世界有什么影响?

阅读（三）

今年中国外交成果丰硕
外交部发言人答记者问

新华社北京 12 月 10 日电 外交部发言人沈国放今天在回答记者提问时说,中国在今年的外交工作中取得了丰硕成果。

沈国放在今天下午举行的记者招待会上说,1996 年国际形势复杂多变,中国坚持独立自主的和平外交政策,外交工作取得了丰硕成果。他说,今年以来,中国领导人应邀出访了 30 多个国家,40 多位外国国家元首和政府首脑访华。中国还积极参与亚太经合组织会议、亚欧会议和世界粮食首脑会议等各种多边活动。这些访问和接触,促进了中国同周边国家和广大发展中国家的友好合作。中国的周边和平环境得到了进一步巩固。中俄友好合作关系有了长足的发展。中美关系经历了波折后,已经开始逐步改善,中国同其他西方国家的关系都有进展。他说,中国是维护世界和平与稳定的重要因素,在这方面的作用和影响已日益明显。

这位发言人指出,同时,中国在维护国家主权、领土完整和民族尊严,反对干涉中国内政的一系列斗争中取得了胜利,显示了中国政府在维护国家利益方面坚定不移的决心。此外,中国为迎接香港回归做了大量富有成效的准备工作。

沈国放重申,中国将在和平共处五项原则的基础上继续发展和加强同世界各国的友好合作关系。

选自 1996 年 12 月 11 日《人民日报》

生　词

1.	发言人	（名）	fāyánrén	spokesman
2.	丰硕	（形）	fēngshuò	rich
3.	出访	（动）	chūfǎng	go abroad on an official visit
4.	元首	（名）	yuánshǒu	head of state
5.	首脑	（名）	shǒunǎo	head
6.	逐步	（副）	zhúbù	step by step
7.	尊严	（名）	zūnyán	dignity
8.	干涉	（动）	gānshè	interfere
9.	内政	（名）	nèizhèng	internal affairs
10.	成效	（名）	chéngxiào	effect; result
11.	重申	（动）	chóngshēn	reaffirm

回答问题

1. 中国坚持什么外交政策？
2. 中国的外交工作取得了哪些成果？
3. 中国在哪些斗争中取得了胜利？

第 五 课

> **提示：**
> 　　经济的发展，国家的昌盛，人民生活水平的提高，必然推动体育事业的发展。我国在第23届奥运会上实现了零的突破，在第26届奥运会上取得了第四名的好成绩。

课　文

奥运健儿：祖国为你接风

中国奥运健儿载誉归来欢迎大会在人民大会堂举行

新华社北京8月9日电（记者高兴华　胡晓梦）中国奥运健儿们今天在人民大会堂参加了中共中央办公厅、国务院办公厅为他们举行的盛大欢迎大会。

中共中央政治局委员、国务委员李铁映代表党中央、国务院向中国体育代表团全体成员表示热烈的祝贺和亲切的慰问。他说，在第26届奥运会上，中国体育代表团不负全国人民的期望和重托，取得了16枚金牌、22枚银牌、12枚铜牌的好成绩，列参赛国家和地区的第4位，出色地实现了在本届奥运会上为国争光的计划。他说，现代体育运动不仅仅是技术、体能的较量，还是意志、毅力、心理、品德和作风的较量。我国运动员能在这次规格最高、竞争最激烈的国际体育竞赛中取得优异成绩，集中体现了我国运动员拼搏进取、迎难而上、敢于战斗、敢于胜利的优秀品质和英雄气概。李铁映最后说，江泽民同志在接见中国体育代表团时号召：各条战线都要向奥运会为国争光的体育健儿学习，发扬爱国奉献、艰苦创业精神，把我们国家建设得更好。这既是对体育战线同志们的鼓励，也是对全国人民的期望。我们要为实现"九五"计划和2010年远景目标而奋斗。

国家体委主任伍绍祖也在欢迎会上讲话，他说，在这次奥运会上，中国体育代表团取得了较好成绩，实现了运动成绩和精神文明的双丰收，完成了预定目标。伍绍祖说，通过这届奥运会，我们要认真总结经验,找出不足,吸取教训,认真学习国外的先进技术和方法,学习全国各条战线的好经验,戒骄戒躁,再接再厉,及时调整队伍,抓紧训练,在大力发展群众体育的基础上,努力提高竞技体育的水平,争取在今后的大赛中取得更好的成绩。运动员代表伏明霞说,最让我们感到高兴的是,我们作为中华人民共和国的代表,没有辜负自己肩负的重任,没有辜负胸前的国徽。

出席今天大会的党和国家领导人为获得奖牌的运动员们颁发了体育运动荣誉奖章及体育运动一级奖章。

节选自1996年8月10日《北京青年报》

生　　词

1.	奥运	(名)	Àoyùn	the Olympic Games

　　即奥运会,奥林匹克运动会的简称。

2.	接风	(动)	jiēfēng	give a dinner for a visitor from afar
3.	盛大	(形)	shèngdà	grand
4.	祝贺	(动)	zhùhè	congratulate
5.	慰问	(动)	wèiwèn	convey greetings to
6.	期望	(动、名)	qīwàng	expect; expectation
7.	取得	(动)	qǔdé	gain; obtain
8.	参赛	(动)	cānsài	take part in the competition

　　参加比赛。

9.	出色	(形)	chūsè	remarkable
10.	实现	(动)	shíxiàn	realize; achieve
11.	体能	(名)	tǐnéng	(physical) stamina
12.	较量	(动)	jiàoliàng	measure one's strength with
13.	意志	(名)	yìzhì	will
14.	毅力	(名)	yìlì	willpower
15.	规格	(名)	guīgé	standard
16.	激烈	(形)	jīliè	intense
17.	优异	(形)	yōuyì	excellent; outstanding
18.	拼搏	(动)	pīnbó	struggle hard

　　拼命搏斗;全力去争夺或争取。

19.	气概	(名)	qìgài	spirit
20.	接见	(动)	jiējiàn	receive somebody
21.	战线	(名)	zhànxiàn	battle line
22.	发扬	(动)	fāyáng	develop; carry on
23.	奉献	(动)	fèngxiàn	offer as a tribute
24.	艰苦	(形)	jiānkǔ	difficult; hard
25.	"九五"计划		jiǔwǔ jìhuà	the Ninth Five-Year Plan

　　中华人民共和国国民经济和社会发展的第九个五年计划的简称。

26. 目标	（名）	mùbiāo	objective; target
27. 戒骄戒躁	（成）	jiè jiāo jiè zào	guard against arrogance and rashness

防备或警惕骄傲和急躁情绪的产生。

| 28. 再接再厉 | （成） | zài jiē zài lì | make persistent efforts |

比喻一次又一次地继续努力，越来越振奋、勇猛。

29. 调整	（动）	tiáozhěng	adjust
30. 抓紧	（动）	zhuājǐn	pay close attention to
31. 辜负	（动）	gūfù	let down
32. 颁发	（动）	bānfā	issue; award
33. 荣誉	（名）	róngyù	honor

练 习

一、画线连词：

接见　　感谢　　　　总结　　奖章
表示　　代表　　　　调整　　训练
获得　　计划　　　　抓紧　　人员
实现　　金牌　　　　颁发　　经验

二、找出句中画线动词的宾语：

1. 中国体育健儿们今天在人民大会堂<u>参加</u>了中共中央办公厅、国务院办公厅为他们举行的盛大的欢迎大会。
2. 国务委员李铁映代表党中央、国务院向中国体育代表团全体成员<u>表示</u>热烈的祝贺和亲切的慰问。
3. 中国体育代表团<u>取得</u>16枚金牌、22枚银牌、12枚铜牌的好成绩。
4. 我们要认真总结<u>经验</u>，找出不足，吸取教训，认真<u>学习</u>国外的先进技术和方法。
5. 出席今天大会的党和国家领导人为<u>获得</u>奖牌的运动员们颁发了体育运动荣誉奖章及体育运动一级奖章。

三、用指定的词语替换句中意思相同（或相近）的词语：

1. 中国奥运健儿们出席了中共中央办公厅、国务院办公厅为他们举行的盛大欢迎大会。（参加）
2. 中国体育代表团获得了16枚金牌、22枚银牌、12枚铜牌的好成绩。（取得）
3. 在这次奥林匹克运动会上，中国体育代表团取得了较好成绩。（奥运会）
4. 国家体育运动委员会主任伍绍祖也在欢迎会上讲话。（体委）
5. 我们要和全国人民一道共同努力，为实现第九个五年计划和2010年远景目标而奋斗。（"九五"计划）

四、针对所给语段内容回答问题：

1. 中国奥运健儿们今天在人民大会堂参加了中共中央办公厅、国务院办公厅为他们举行的盛大欢迎大会。

问：中共中央办公厅和国务院办公厅在人民大会堂为什么人举行盛大欢迎大会？

2. 江泽民同志在接见中国体育代表团时号召：各条战线都要向奥运会为国争光的体育健儿学习，发扬爱国奉献、艰苦创业精神，把我们国家建设得更好。

   问：江泽民同志号召各条战线向体育健儿学习什么？

3. 李铁映说，在第26届奥运会上，中国体育代表团不负全国人民的期望和重托，取得了16枚金牌、22枚银牌、12枚铜牌的好成绩。

   问：为什么说中国体育代表团不负全国人民的期望和重托？

4. 运动员代表伏明霞说，最让我们感到高兴的是，我们作为中华人民共和国的代表，没有辜负自己肩负的重托，没有辜负胸前的国徽。

   问：运动员们感到高兴的是什么？

五、快速阅读：

韩足球队二比一胜日本队

本报讯　4月1日下午，日本足球队和韩国队在汉城进行了庆贺两国联合申办2002年世界杯友谊赛，韩国队借主场之利以2比1击败日本队。本场比赛进行到第40分钟时，韩国队李相润为主队首开纪录，并以1比0的比分结束了上半场。日本队在下半时第61分钟由中山雅史将场上比分扳平。刚刚重披国家队战袍的老将黄善洪在第73分钟为主队攻入致胜一球。本场比赛也是日韩两国世界杯热身计划的开始。　　　　（晓　张）

选自1998年4月2日《北京晚报》

阅读（一）

44届世乒赛团体比赛收拍
中国男团再捧金杯

本报曼彻斯特专电特派记者李晖　第44届世乒赛昨天结束了男子团体决赛，结果中国队以3∶1战胜了对手法国队再次捧得斯韦斯林杯，至此世乒赛团体比赛全部结束，中国队如愿以偿，男、女队双尝胜果，喜捧冠军杯。

昨天的男团决赛异常紧张激烈，法国队的凶猛搏杀，使中国队夺标的艰苦程度比赛前预想要大得多。第一盘孔令辉面对法国一号种子盖亭的凶狠打法，临危不惧，在先失一盘后连扳两盘，为中国队拿下第一分。不想第2盘刘国梁发挥不佳，特别是接发球上失误较多，1∶2负于法国的希拉。老将王涛虽然以2∶0击败法国的埃洛瓦，但第二局竟打到了31∶29。关键的第四盘刘国梁再次出场迎战盖亭。刘国梁充分发挥了发球的优势，以快制凶，始终压着盖亭，最终以21∶19、21∶14结束了这场激烈艰苦的冠军争夺战。

男子团体29日进行了半决赛，中国队以刘国梁、王涛、孔令辉组阵迎战老对手韩国队。韩国队是上届第三名，而且近两年来曾三次在团体赛里战胜过中国队,享有"中国队克星"的称号。韩国队主教练也极为自信地多次声称:对付中国队我们有办法!在比赛中,韩国队派出年轻选手吴尚垠出任第二单打是二、四位置,希望这位曾在年初卡塔尔公开赛上独取中国队两分的选手能继续发挥水平,但毕竟整体水平与中国队有一定距离,结果中国队以3比1击败了对手,闯进决赛。

面对势头正旺的法国队,中国队显得信心十足,赛前蔡振华在分析法国队时指出,他们只靠盖亭一人打球,第二、三号选手虽各有特点,但弱点同样突出且实力一般,故而对中国队压力不大。

节选自1997年5月1日《北京青年报》

生　　词

1. 世乒赛	(名)	shìpīngsài	the World Table Tennis Championships
2. 金杯	(名)	jīnbēi	golden cup (as a prize)
3. 决赛	(名)	juésài	finals
4. 如愿以偿	(成)	rú yuàn yǐ cháng	have one's wish fulfilled
5. 异常	(副、形)	yìcháng	extremely; unusual
6. 搏杀	(动)	bóshā	fight
7. 种子	(名)	zhǒngzi	seed
8. 凶狠	(形)	xiōnghěn	fierce
9. 临危不惧	(成)	lín wēi bú jù	face danger fearlessly
10. 迎战	(动)	yíngzhàn	meet (an approaching enemy) head on
11. 克星	(名)	kèxīng	natural enemy
12. 声称	(动)	shēngchēng	claim

专　　名

1. 盖亭	Gàitíng	人名 Gatien
2. 希拉	Xīlā	人名 Chila
3. 埃洛瓦	Āiluòwǎ	人名 Eloi
4. 卡尔松	Kǎěrsōng	人名 Karlsson

判断正误

1. 中国男团最后一个对手是法国队。(　)

2. 中国男女队均获得了第44届世乒赛的团体冠军。（　）
3. 中国男队很轻松地战胜了最后一个对手。（　）
4. 孔令辉在第一盘单打中输给了盖亭。（　）
5. 刘国梁先后共打了两盘，先输后赢。（　）
6. 韩国男队整体水平比中国队强，但在半决赛中输给了中国队。（　）

阅读（二）

胜 在 斗 志
——记奥运会女足中瑞之战
本报记者　汪大昭

佛罗里达州的迈阿密，美国最南端的城市，柑橘碗体育场内的地面温度高达48.8摄氏度，火辣辣的太阳烤得看台座椅滚烫。

中国女足的球员们不在乎跟身高体壮的瑞典队较量。以往双方几度交兵，互有胜负，且都在一球之间，不存在谁怕谁的问题。比赛大约进行了半个钟头，中国队15号施桂红和6号赵利红一左一右，两次敲开瑞典队的大门。

已经到了下午5点多钟，球场内热浪滚滚，大批来看日本与巴西男子足球比赛的球迷涌进场内，像是在催促女足球员赶快收场。

场上的瑞典姑娘更加慌乱，只有攻势，没有章法。中国队在压力并不很大的情况下，把2:0的胜果坚持到了终场。这场比赛给人印象最深的是中国女足自始至终与天斗与人斗的顽强斗志。"一场比赛当中，4名队员累得倒地抽筋，这在中国队来说还是头一回"。

瑞典号称世界上女子足球开展得最好的国家，甚至有职业女子足球队。不服气的主教练西蒙松认为，中国队快速进攻、步步为营的打法，使瑞典队只好用大量的精力注意防守。

（本报迈阿密7月21日电）

节选自1996年7月23日《人民日报》

生　词

1. 斗志	（名）	dòuzhì	will to fight
2. 女足	（名）	nǚzú	women's football team
3. 火辣辣	（形）	huǒlālā	burning
4. 看台	（名）	kàntái	bleachers
5. 滚烫	（形）	gǔntàng	boiling hot
6. 交兵	（动）	jiāobīng	wage war
7. 热浪	（名）	rèlàng	hot wave
8. 球迷	（名）	qiúmí	(ball game) fan

9. 涌进		yǒng jìn	pour into
10. 催促	（动）	cuīcù	urge; hasten
11. 章法	（名）	zhāngfǎ	methodicalness
12. 顽强	（形）	wánqiáng	idomitable
13. 步步为营	（成）	bù bù wéi yíng	act cautiously

专　　名

1. 佛罗里达州	Fóluólǐdázhōu	美国州名 Florida
2. 迈阿密	Mài'āmì	城市名 Miami
3. 柑橘碗体育场	Gānjúwǎn Tǐyùchǎng	体育场名 name of a stadium
4. 瑞典	Ruìdiǎn	国名 Sweden
5. 西蒙松	Xīméngsōng	人名 Simonsson

回答问题

1. 中国女子足球队取胜的原因是什么？
2. 瑞典女子足球队的表现如何？

阅读 （三）

中国女排力胜劲旅美国队

本报亚特兰大 7 月 24 日电　记者汪大昭报道：中国女排今晚在观众阵阵"美国！美国！"的呼喊声中，以 3∶1 击败美国队。这一胜利令年轻的教练和队员颇为振奋。

前两局，中国队以 15∶8 和 15∶2 轻易取胜，主教练郎平自己也没想到赢得这么顺。岂料美国观众比教练更有办法鼓动球员的士气，第三局开始后，奥尼体育馆内喧声骤起，很多观众有座不坐，高声大叫，煽出狂热气氛。中国队球员一时不能适应，不容郎平想出对策，便以 12∶15 输下一局。第四局美国队又从 4∶11 直撑到 11 平，亏得郎平出奇兵，派替补主攻手王丽娜上去，搅乱了对方的防守，以 15∶12 结束比赛。

中国女排自去年 2 月由郎平执教后，总共与美国队交锋 10 次，5 胜 5 负。中国队所胜 5 场皆在美国本土，而在重大赛事中战胜美国队，这还是头一回。

选自 1996 年 7 月 26 日《人民日报》

生　　词

1. 女排	（名）	nǚpái	women's volleyball team
2. 劲旅	（名）	jìnglǚ	strong contingent
3. 振奋	（动）	zhènfèn	rouse oneself
4. 轻易	（形）	qīngyì	easily
5. 鼓动	（动）	gǔdòng	agitate; arouse
6. 士气	（名）	shìqì	morale
7. 喧声	（名）	xuānshēng	confused noise
8. 骤	（副）	zhòu	suddenly
9. 狂热	（形）	kuángrè	fanatic
10. 气氛	（名）	qìfēn	atmosphere
11. 对策	（名）	duìcè	the way to deal with a situation
12. 奇兵	（名）	qíbīng	ingenious military move
13. 替补	（动、名）	tìbǔ	substitute for
14. 搅乱	（动）	jiǎoluàn	confuse
15. 执教	（动）	zhíjiào	teach
16. 交锋	（动）	jiāofēng	cross swords

专　　名

奥尼体育馆　　　　　　　　Àoní Tǐyùguǎn　　　　　　name of a gym

回答问题

1. 美国女排为何能赢得第三局的胜利？
2. 中国女排在第四局是怎样战胜对手的？

第 六 课

> **提示：**
> 我国对外贸易进出口总额从1978年的200多亿美元增加到1995年的2800多亿美元。对外贸易伙伴达227个国家和地区。

课　文

去年我外贸进出口突破2800亿美元
商品结构有所优化　商品档次有待提高

本报讯　通讯员赵革　记者李争平报道　这是一个令人欣慰的结局：1995年我国对外贸易进出口总值达2808.5亿美元，比上年增长18.6%，净增442.3亿美元，其中，出口1487.7亿美元，增长22.9%；进口1320.8亿美元，增长14.2%，对外贸易顺差166.9亿美元。

今年我国对外贸易进出口的基本走势为上半年出口快速增长，增长速度逐月回落，但仍保持了较高的增长水平；进口增长速度稳定，进口额稳中有升。

情况表明，尽管我国出口商品结构进一步优化，但总体结构和档次仍有待进一步提高。工业制成品出口1272.8亿美元，增长25.6%，占总出口的比重由上年的83.7%提高到85.6%。其中机电产品出口438.6亿美元，增长37.2%，出口额超过纺织品成为我国最大的出口商品类别。但工业制成品占绝大多数的还是附加价值相对较低的产品。

统计显示，加工贸易、一般贸易进出口全面增长，易货贸易全面下降。加工贸易作为我国最大的进出口贸易方式，1995年一直保持较高的增长速度，全年进出口总值达1320.7亿美元，增长26.3%，占总进出口的比重由上年的44.2%提高到47%。其中，出口737亿美元，增长29.4%；进口583.7亿美元，增长22.7%。一般贸易进出口总值为1147.3亿美元，增长15.9%，占全部进出口总值的40.9%，与上年基本持平。其中，出口713.7亿美元，增长15.9%；进口433.6亿美元，增长13.1%。

易货贸易进出口总值为29.1亿美元，下降26.5%，1995年是享受易货贸易进口减半征税优惠政策的最后一年，预计，1996年易货贸易将进一步下降。

外商投资企业进出口总值为1098.2亿美元,增长25.3%,占全国进出口总值的比重由上年的37%上升到39.1%,进出口额比上年净增221.7亿美元,也就是说,1995年我国对外贸易进出口的增长有一半体现在外商投资企业进出口的增长上。

选自1996年1月18日《经济日报》

生　词

1.	外贸	（名）	wàimào	foreign trade

　　对外贸易的简称。

2.	进出口	（名）	jìnchūkǒu	imports and exports

　　进口与出口的简称。

3.	突破	（动）	tūpò	break through
4.	优化	（动）	yōuhuà	optimize

　　采取措施使变得优良;使越来越好。

5.	档次	（名）	dàngcì	grade
6.	欣慰	（形）	xīnwèi	be gratified
7.	增长	（动）	zēngzhǎng	increase
8.	净增	（动）	jìngzēng	net increase

　　除去对比数额相等部分以外又增加。

9.	顺差	（名）	shùnchā	favourable balance of trade
10.	走势	（名）	zǒushì	trend
11.	表明	（动）	biǎomíng	indicate
12.	比重	（名）	bǐzhòng	proportion
13.	机电产品		jīdiàn chǎnpǐn	mechanical and electrical product

　　机械产品和电器产品的合称。

14.	附加	（动）	fùjiā	add;attach
15.	相对	（动、形）	xiāngduì	opposite
16.	加工贸易		jiāgōng màoyì	processing trade
17.	一般贸易		yībān màoyì	general trade
18.	易货贸易		yìhuò màoyì	barter trade
19.	持平	（动）	chípíng	unbiased;fair

　　现多指同对比数额相等,保持平衡。

20.	享受	（动）	xiǎngshòu	enjoy
21.	优惠	（形）	yōuhuì	preferential

练 习

一、画线连词：

突破	结构	表明	榜样
增长	防线	成为	立场
优化	档次	保持	能力
提高	知识	显示	联系

二、选词填空：

达　占　由　顺差　与　比重

1. 去年，我国对外贸易进出口总值_____ 2808.5 亿美元。
2. 工业制成品出口 1272.8 亿美元，增长 25.6%，占总出口的_____ 上年的 83.7% 提高到 85.6%。
3. 一般贸易进出口总值为 1147.3 亿美元，增长 15.9%，_____ 全部进出口总值的 40.9%，_____ 上年基本持平。
4. 1995 年，我国出口 1487.7 亿美元，进口 1320.8 亿美元，对外贸易_____ 166.9 亿美元。

三、判断对语句理解的正误：

1. 1995 年，我国对外贸易顺差 166.9 亿美元。
  —— 1995 年，我国对外贸易的进口总额比出口总额多 166.9 亿美元。（ ）
2. 去年，我国工业制成品的出口额占总出口额的比重由上年的 83.7% 提高到 85.6%。
  ——去年，我国工业制成品的出口总额比上年增加 85.6%。（ ）
3. 1995 年，在工业制成品的出口中，机电产品出口额超过纺织品成为我国最大的出口商品类别。
  —— 1995 年，在工业制成品的出口中，机电产品出口额比纺织品出口额多，已经成为我国出口最多的产品。（ ）
4. 加工贸易作为我国最大的进出口贸易方式，1995 年一直保持较高的增长速度。
  ——我国最大的进出口贸易方式是加工贸易，加工贸易在 1995 年的增长速度一直较高。（ ）
5. 1995 年，我国对外贸易进出口的增长有一半体现在外商投资企业的增长上。
  —— 1995 年，外商投资企业进出口的增长额占我国对外贸易进出口增长总额的一半。（ ）

四、选择正确答案：

1. 1995 年，我国对外贸易进出口总值
   A 已达 1487.7 亿美元　　　C 将近 2800 亿美元
   B 已达 1320.8 亿美元　　　D 已经突破 2800 亿美元
2. 1995 年，我国最大的进出口贸易方式是
   A 加工贸易　　　　　　　C 一般贸易
   B 易货贸易　　　　　　　D 其他贸易
3. 1995 年，我国易货贸易的情况是

A 全面上升　　　　　　　C 稳中有升
B 全面下降　　　　　　　D 稳中有降

4．预计，1996年哪一种贸易方式的进出口总值将会进一步下降？
A 加工贸易　　　　　　　C 易货贸易
B 一般贸易　　　　　　　D 其他贸易

五、快速阅读：

大连出口交易会成交额颇丰

97中国大连出口商品交易会日前落幕，出口商品成交合同金额2.65亿美元，其中外贸行业出口成交7200余万美元，三资企业为6000多万美元。同时举办的97大连国际经济技术合作洽谈会共签订对外合作项目51项，合同金额为3.3亿美元。　　　　　（张书政）

选自1997年7月24日《人民日报》（海外版）

阅读（一）

两岸三地
去年贸易总额近9000亿美元

朱传亚

去年是中国内地、香港和台湾对外贸易增长较缓的一年。三地全年的外贸总额为8893亿美元，较前一年多了223亿美元，增幅近3%。

在1996年全球贸易排名榜上，中国大陆和港、台估计仍将维持在第11、第8和第14位，而三地外贸合计总额仍将稍逊于美国和德国两大经济体。

去年中国内地、香港和台湾三地的外贸额增幅放缓，主要原因一是受全球外贸大气候影响，二是前年三地的增幅已处于相当高的水平（内地18.6%，香港16%，台湾20.7%），因此在一定程度上制约了三地去年的外贸增幅。

从去年中国大陆外贸发展来看，进出口相对平衡，出口略多于进口是最大的特色。去年中国内地出口金额为1510亿美元，增长1.5%，进口金额为1388亿美元，增长5.1%，贸易顺差为122亿美元。

去年中国内地外贸的另一特色是，一直占外贸主导地位的国有企业，虽然"龙头老大"地位不变，但其进出口总值已较1995年下降11%，所占比重亦仅一半略强。而外商投资企业在全年外贸总值的比重已超过40%，成为支撑外贸的大支柱。

相比之下，去年香港的外贸表现虽欠理想，但估计全年外贸总值仍可实质增长5%，达3867亿美元。这个增幅在三地之中已算最高。其中出口（含转口）为14100亿港元，进口为15450亿港元，贸易逆差达1350亿港元。

去年香港外贸放缓，除受世界经济大气候影响外，电子产品和海外市场进口需求的减弱、北美自由贸易协定引发的市场竞争，以及两岸关系紧张等，都令香港外贸难以维持大幅度增长。

去年三地外贸表现最不尽人意的就属台湾。其整体外贸增长不到2%。其中出口为1159亿美元,增长3.9%,为近六年来最低点;进口为1012亿美元,较前年下降2.2%,为11年来首度衰退。

"外需不强、内需不足"的现象已令台湾外贸前景蒙上一层浓重的阴影。

选自1997年2月20日《中国青年报》

生　　词

1.	增幅	（名）	zēngfú	scope of increase
2.	维持	（动）	wéichí	keep
3.	放缓	（动）	fànghuǎn	slow
4.	大气候	（名）	dàqìhòu	general tendency
5.	龙头	（名）	lóngtóu	guide
6.	支撑	（动）	zhīchēng	support
7.	支柱	（名）	zhīzhù	pillar; mainstay
8.	逆差	（名）	nìchā	adverse balance of trade
9.	引发	（动）	yǐnfā	initiate
10.	衰退	（动）	shuāituì	fail; decline
11.	前景	（名）	qiánjǐng	prospect
12.	浓重	（形）	nóngzhòng	dense; thick; strong
13.	阴影	（名）	yīnyǐng	shadow

判断正误

1. 去年,中国内地、香港和台湾的进出口总额为8893亿美元。（　）
2. 香港的对外贸易额在全世界排在第14位。（　）
3. 中国内地、香港和台湾三地的外贸合计总额只比美国、德国少一点,在世界名列第三。（　）
4. 前年,中国内地、香港和台湾三地的外贸增幅都不大。（　）
5. 外商投资企业在中国内地外贸中已占主导地位。（　）
6. 去年,中国内地、香港和台湾三地外贸表现最差的是台湾。（　）

阅读（二）

看好中国市场

本报驻联合国记者　何洪泽

美国商业信息中心1月22日在纽约著名的华尔道夫大饭店举行了为时两天的讨论会。主题是"如何成功地在中国推销消费品"。

对中国消费品市场的潜力,与会者意见一致:怎么估计都不会过分。有的讲演者指出,早在100多年前,英国人就说过,只要中国每人买一双袜子,英国的纺织厂就得日夜不停地开工。可惜,当时这只是英国商人的梦想。这样的机遇英国人没有抢到。现在,这个梦想将变成现实。到2000年,中国人均年收入在1000美元以上,即能买得起美国消费品的人将比美国全国人口还多。对这样诱人的前景,美国的商人怎么能不怦然心动!

已经成功地打入中国市场的可口可乐公司代表在会上现场放映了他们在中国的广告片。他有声有色地介绍了在中国的经验。可口可乐在1979年中国刚刚开放时就进入中国,开始只少量供外国人饮用,后来合资建立灌装厂,现在已有13个之多。他们今年还要再新建10个厂,几乎覆盖大半个中国。如此大的生意使与会者十分羡慕。

讲演者的忠告是,要想打入中国市场首先要有战略眼光,准备长期做下去,不为一时的风波所动。再有就是马上开始行动,不能丝毫犹豫。他们担心欧洲和日本与中国的关系比较好,许多方面在中国市场已捷足先登。而美国政府与中国关系时有紧张,这必然影响到美国商人的生意。所以他们表示希望美国政府不要让政治影响了美国商人在中国的成功。

美国商务部的代表最后讲了美国零售业在中国的前景。美国的消费品在中国市场大有希望。

(本报纽约电)

节选自1996年2月9日《人民日报》

生　　词

1.	信息	(名)	xìnxī	information
2.	著名	(形)	zhùmíng	famous
3.	推销	(动)	tuīxiāo	promote sales
4.	过分		guò fèn	excessive
5.	可惜	(形)	kěxī	it's a pity
6.	梦想	(动、名)	mèngxiǎng	dream
7.	机遇	(名)	jīyù	opportunity
8.	人均	(名)	rénjūn	per capita
9.	放映	(动)	fàngyìng	show
10.	有声有色	(成)	yǒu shēng yǒu sè	full of sound and colour — vivid and dramatic
11.	覆盖	(动)	fùgài	cover
12.	羡慕	(动)	xiànmù	admire
13.	战略	(名)	zhànlüè	strategy
14.	眼光	(名)	yǎnguāng	foresight
15.	风波	(名)	fēngbō	disturbance
16.	丝毫	(副)	sīháo	a bit
17.	犹豫	(动)	yóuyù	hesitate
18.	捷足先登	(成)	jié zú xiān dēng	the swift-footed arrive first

专　　名

1. 美国商业信息中心　　Měiguó Shāngyè Xìnxī Zhōngxīn　　机构名
US Commercial Information Center

2. 纽约　　Niǔyuē　　城市名
New York

3. 华尔道夫大饭店　　Huá'ěrdàofū Dàfàndiàn　　饭店名
Waldorf Hotel

4. 可口可乐公司　　Kěkǒukělè Gōngsī　　公司名
Coca-Cola Company

5. 美国商务部　　Měiguó Shāngwùbù　　机关名
US Department of Commerce

回答问题
1. 中国消费品市场的潜力如何？
2. 与会者为什么羡慕可口可乐公司？
3. 讲演者的忠告是什么？

阅读（三）

法国不愿错失中国市场

□陈　波

　　法国外交部长德沙雷特近日要对中国进行正式访问，这是法国外长近5年来对华的首次访问。陪同德沙雷特访华的有一批法国工商界领导人。他们此次访华的目的是进一步推动双边关系，交换双方的政治看法，促进两国的经贸关系。

　　法国是西方大国中最先承认中华人民共和国的国家。自1964年中法建交以来，两国关系一波三折。1994年9月，在中法建交三十周年之际江泽民主席访问法国，标志着中法关系恢复正常。此后，两国在政治、经济、科技和文化等方面展开了进一步的合作与交流。

　　维护大国地位向来是法国外交矢志不渝的目标。冷战结束后，世界格局发生了重大变化，基本形成了"一超多强"的新格局，亚太地区经济迅速增长，成为世界瞩目的新焦点。法国根据自身利益，不断调整对华政策。在中国经济突飞猛进的今天，法国将发展与中国的关系作为其亚洲政策的重点。

　　观察家认为，法国在政治和战略上需要倚重中国。在平衡美俄欧的三角关系中，法国仍需要借助中国的力量。此外，随着德中关系的日益加强，法国也不希望看到自己被排除在中国市场之外。法国国内居高不下的失业率也迫使政府和企业界人士将目光瞄向中国这一巨大的市场。

　　正是基于以上原因，法国政府加强了同中国发展关系的力度，并在一些国际事务中，表现出了友好姿态。

节选自1996年2月8日《中国青年报》

生 词

1.	承认	（动）	chéngrèn	admit
2.	一波三折	（成）	yì bō sān zhé	twists and turns
3.	矢志不渝	（成）	shǐ zhì bù yú	vow to adhere to one's chosen course
4.	冷战	（名）	lěngzhàn	cold war
5.	格局	（名）	géjú	setup; structure
6.	瞩目	（动）	zhǔmù	fix one's eyes upon
7.	焦点	（名）	jiāodiǎn	focus
8.	突飞猛进	（成）	tū fēi měng jìn	advance by leaps and bounds
9.	观察家	（名）	guāncházhā	observer
10.	倚重	（动）	yǐzhòng	rely heavily on somebody's service
11.	排除	（动）	páichú	get rid of
12.	失业率	（名）	shīyèlǜ	rate of unemployment
13.	姿态	（名）	zītài	posture

专 名

德沙雷特　　　　　　Déshāléitè　　　　　　人名
　　　　　　　　　　　　　　　　　　　　　name of a person

回答问题
1. 法国外长一行此次访华的目的是什么？
2. 法国什么要加强同中国发展关系？

第七课

> **提示：**
> 我国是世界上人口最多的国家。为了控制人口过快增长，我国从1972年起实行计划生育政策。多年来，我国一直提倡一对夫妻只生育一个孩子。至今，我国大约少生了三亿人。

课　文

彭珮云在山东枣庄考察工作时指出

"三结合"是搞好计生工作的必由之路

据新华社济南9月12日电　（记者郭小兰）国务委员、国家计生委主任彭珮云在山东枣庄召开的山东省计划生育"三结合"会议上指出：大量的实践证明，推行计划生育与发展农村经济相结合，与帮助农民勤劳致富奔小康相结合，与建设文明幸福家庭相结合，是新形势下围绕经济建设这个中心抓紧抓好计划生育工作的必由之路，是综合治理人口问题，实现人口与经济、社会协调发展的重要途径。

彭珮云强调指出，"三结合"的本质就是坚持我们党全心全意为人民服务的宗旨，为广大群众提供生产、生活、生育的优质服务，为他们排忧解难，把国家、集体利益同家庭、个人利益，眼前利益同长远利益有机地统一起来，把工作真正落实到每一个乡村和农户。各级党委政府要把"三结合"工作作为一项重要职责，要负责搞好统筹规划、政策引导、组织协调、检查督促。计划生育部门在"三结合"工作中要充分发挥应有的作用，努力当好党委、政府的参谋、助手。

彭珮云说，推行计划生育"三结合"，要坚持因地制宜、分类指导。由于各地的经济社会条件不同，计划生育工作的基础不同，面临的问题和主要矛盾也有所不同，在推行"三结合"时，一定要从实际出发，探索适合不同地区的做法，务求取得实效。

对山东省多年来在计划生育工作中做出的成绩，彭珮云给予充分肯定。她说，山东是一个拥有8000多万人口的大省,计划生育工作取得了显著的成绩。特别是"八五"以来,山东比国家下达的人口控制指标少生了335.5万人,占"八五"期间全国比计划少生人数的21.2%,对控制我国人口过快增长作出了突出贡献。山东在计划生育工作实践中积累和创造了许多宝贵经验,不仅对山东省,而且对全国计划生育工作的深入、持久、健康发展都起到了重要的作用。

选自1996年9月13日《人民日报》

生　　词

1. 考察　　　（动）　　　kǎochá　　　　　inspect
2. 三结合　　　　　　　　sān jiéhé　　　　three-in-one combination
   泛指出于某种需要而使相关的三个方面组成一个统一体。
3. 计生　　　　　　　　　jì shēng　　　　 family planning
   计划生育的简称。
4. 必由之路　（成）　　　bì yóu zhī lù　　the only way
   指必须遵循的规律或必须经历的过程。
5. 计生委　　（名）　　　jìshēngwěi　　　Family Planning Commission
   计划生育委员会的简称。
6. 实践　　　（动、名）　shíjiàn　　　　　practise; practice
7. 推行　　　（动）　　　tuīxíng　　　　　carry out
8. 小康　　　（名）　　　xiǎokāng　　　　being comparatively well-off
   特指按人口平均国民收入达到世界中等国家水平的物质文化生活状况。
9. 围绕　　　（动）　　　wéirào　　　　　 round
10. 治理　　 （动）　　　zhìlǐ　　　　　　administer; govern
11. 本质　　 （名）　　　běnzhì　　　　　 essence
12. 坚持　　 （动）　　　jiānchí　　　　　persist in
13. 宗旨　　 （名）　　　zōngzhǐ　　　　　aim; purpose
14. 排忧解难 （成）　　　pái yōu jiě nàn　relieve somebody of worries and help solve his problems
    排除忧虑,解除危难。
15. 党委　　 （名）　　　dǎngwěi　　　　　Party committee
    特指中国共产党的各级委员会(不包括支部和总支部委员会)。
16. 统筹　　 （动）　　　tǒngchóu　　　　 plan as a whole
    统一筹划。
17. 规划　　 （动、名）　guīhuà　　　　　 draw up a plan; program
18. 引导　　 （动）　　　yǐndǎo　　　　　 guide; lead
19. 督促　　 （动）　　　dūcù　　　　　　 supervise and urge
20. 发挥　　 （动）　　　fāhuī　　　　　　give play to
21. 参谋　　 （动、名）　cānmóu　　　　　 give advice

22. 因地制宜	（成）	yīn dì zhì yí	suit measures to local conditions	
根据各地的实际情况采取适当的措施。				
23. 探索	（动）	tànsuǒ	explore	
24. 给予	（动）	jǐyǔ	give; offer	
25. 指标	（名）	zhǐbiāo	target	
26. 积累	（动）	jīlěi	accumulate	

专　　名

1. 山东	Shāndōng	省名 name of a province	
2. 枣庄	Zǎozhuāng	地名 name of a place	
3. 国家计生委	Guójiā Jìshēngwěi	State Family Planning Commission	

练　　习

一、画线连词：

积累　　　改革　　　　　　落实　　　投资

治理　　　经验　　　　　　发挥　　　成绩

坚持　　　帮助　　　　　　引导　　　政策

给予　　　环境　　　　　　创造　　　作用

二、选词填空：

1. 彭珮云在山东枣庄＿＿＿＿＿＿＿＿工作。（考察　　观察）
2. 我们要为广大群众＿＿＿＿＿＿＿＿生产、生活、生育优质服务。（提供　　供应）
3. 计划生育部门在"三结合"工作中要充分＿＿＿＿＿＿＿＿应用的作用。（发动　　发挥）
4. 山东是一个＿＿＿＿＿＿＿＿8000多万人口的大省。（拥有　　具有）
5. 山东在计划生育工作中＿＿＿＿＿＿＿＿了许多经验。（积累　　积蓄）

三、用指定词语改写句子：

1. 彭珮云指出，"三结合"是搞好计划生育工作必须经历的过程。（必由之路）
2. 推行"三结合"是从各个方面治理人口问题，实现人口与经济、社会协调发展的重要途径。（综合治理）
3. 推行计划生育"三结合"，要坚持根据不同地区的具体情况采取适宜的方法。（因地制宜）
4. 推行"三结合"，一定要从实际出发，探索适合不同地区的做法，务必求得实际效果。（务求实效）
5. 第八个五年计划期间，山东比国家下达的人口控制指标少生了335万多人。（"八五"计划）

四、按照课文内容填写：

1. 计划生育"三结合"是指_____，_____，_____。
2. 为广大群众提供优质服务，指的是_____、_____、_____三个方面。
3. 推行计划生育"三结合"，要坚持_____、_____。
4. 在推行计划生育"三结合"时，一定要从实际出发，探索适合不同地区的做法。这是因为_____，_____，_____。
5. 计划生育部门在"三结合"工作中要努力当好党委、政府的_____、_____。

五、快速阅读：

世界总人口将达 58.4 亿

据新华社华盛顿 5 月 8 日电　（记者唐霄）美国人口参考组织（PRB）今天说，截至 1997 年年中，世界总人口将达到 58.4 亿人，其中 46.7 亿人生活在发展中国家。

该组织提供的数据表明，目前世界人口每年约净增 8600 万人，其中发展中国家每年净增 8457 万人。截至今年年中，人口超过 1 亿的 10 个国家是中国、印度、美国、印度尼西亚、巴西、俄罗斯、巴基斯坦、日本、孟加拉国和尼日利亚。这 10 个国家的总人口高达 34.8 亿。到 2025 年年中，将有 16 个国家的人口超过 1 亿，墨西哥、菲律宾、埃塞俄比亚、伊朗、扎伊尔和越南也将加入世界人口大国行列。

选自 1997 年 5 月 10 日《中国青年报》

阅读（一）

全国计划生育工作会议在京召开
中央原则同意人口和计划生育奋斗目标

本报讯　记者陈建辉报道　我国第三次人口出生高峰期已平稳度过，开始进入低出生、低死亡、低增长时期，初步形成了综合治理人口问题的局面。这是记者从 16 日在京召开的全国计划生育工作会议上了解到的。这次会议还提出了本世纪末和 21 世纪中叶我国计划生育工作分阶段的奋斗目标，即到 2000 年人口总数将控制在 13 亿以内；到 21 世纪中叶，人口总量在达到峰值后将缓慢下降，步入良性循环。这一奋斗目标已获中央原则同意。

据介绍，进入 90 年代特别是近 5 年，是我国人口与计划生育工作发展历史上最好的时期，各级党政一把手亲自抓、负总责，坚持实行计划生育与发展经济相结合，与帮助群众勤劳致富相结合，与建设文明幸福家庭相结合，成绩卓著。到 1997 年，全国人口出生率比 1992 年下降 1.67 个千分点，自然增长率下降 1.54 个千分点，全国第三次人口出生高峰期已平稳度过。由于我国人口基数大，尽管目前能保持较低的生育率，但每年人口增长总量仍然很大，有些农村地区特别是贫困地区，人口增长还没有得到有效控制，出生人口素质还存在不少问题。因此我们丝毫不能放松计划生育工作，要继续把工作重点放在广大农村，加强流动人口的计划生育管理和服务，努力做好提高出生人口素质的工作，为育龄夫妇提供初级生殖保健服务。

选自 1998 年 3 月 17 日《经济日报》

生 词

1. 原则　　（名）　yuánzé　　　　principle
2. 平稳　　（形）　píngwěn　　　smooth and steady
3. 峰值　　（名）　fēngzhí　　　 peak value
4. 缓慢　　（形）　huǎnmàn　　　slow
5. 循环　　（动）　xúnhuán　　　circulate
6. 一把手　（名）　yībǎshǒu　　 first in command
7. 卓著　　（形）　zhuózhù　　　outstanding
8. 基数　　（名）　jīshù　　　　base
9. 素质　　（名）　sùzhì　　　　quality

判断正误

1. 我国已出现过三次人口出生高峰。（　）
2. 我国已开始进入低出生、低死亡、低增长的时期。（　）
3. 到2000年以后,我国人口总量将缓慢下降。（　）
4. 到21世纪中叶,我国人口总量将达到峰值。（　）
5. 目前,全国各地都能做到有效地控制人口增长。（　）
6. 我国人口与计划生育工作发展史上最好的时期是最近5年。（　）

阅读（二）

我国人口7年增加一个亿
请您参加"12亿人口日"

据新华社北京1月18日电（记者于长洪）　7年增加人口一个亿——继1989年"中国11亿人口日"之后,今年2月中旬我国人口将达12亿。中共中央宣传部、国家计划生育委员会和国家统计局为此发出通知,要求开展"中国12亿人口日"宣传活动,以进一步唤起全党和全国人民对我国人口问题的关注,进一步抓紧抓好计划生育工作。

我国自70年代开始在全国实行计划生育,并于80年代初把控制人口数量,提高人口素质确定为一项基本国策。90年代以来,我国人口出生率已降到千分之二十以下,而且仍在持续、平稳地下降。在建国以来的第三次人口出生高峰期间,基本上控制了人口的过快增长。按国际通用标准,我国已属于低出生率的国家。

实行计划生育使我国"12亿人口日"整整推迟了九年。20多年间,我国人口少增加约3亿。

尽管成绩显著,但由于我国人口基数大,每年出生人口的绝对数大,全国人口总规模还在继续增长。近年来,全国每年出生人数都在 2100 万左右。据 1993 年统计,我国平均每天有 5.8 万人出生,每分钟有 40.3 人出生,每年全国净增人口相当于一个智利全国人口或一个纽约市人口。

三部委在联合发出的《关于开展中国十二亿人口日宣传活动的通知》中指出,要通过此次宣传活动,对广大干部群众进行一次人口与计划生育工作形势和任务的教育,使人们既看到我国计划生育工作取得的巨大成绩,又看到其艰巨性、长期性,增强人口意识、人均观念,促进全党、全社会进一步支持和参与计划生育事业,为到 2000 年实现全国人口总数控制在 13 亿以内的人口目标而共同奋斗。

据了解,2 月中旬将在京召开"中国 12 亿人口日"大会,各地也将组织报告会、座谈会等形式各异的宣传活动。

选自 1995 年 1 月 19 日《中国青年报》

生　　词

1. 国策	（名）	guócè		national policy
2. 出生率	（名）	chūshēnglǜ		birthrate
3. 推迟	（动）	tuīchí		put off
4. 规模	（名）	guīmó		scale
5. 意识	（名、动）	yìshí		awareness; be aware of

专　　名

1. 中共中央宣传部　　Zhōnggòng Zhōngyāng Xuānchuánbù　　机关名
   Propaganda Department of the CPC Central Committee
2. 国家统计局　　Guójiā Tǒngjìjú　　机关名
   State Statiscal Bureau
3. 智利　　Zhìlì　　国名
   Chile

选择正确答案

1. 1995 年 2 月,中国的人口总数为:
   A　11 亿　　　　　　C　13 亿
   B　12 亿　　　　　　D　14 亿
2. 三部委要求开展"中国 12 亿人口日"的目的是:
   A　让全世界都知道中国已有 12 亿人口
   B　让全国人民了解我国人口的现状
   C　想确定一个人口日
   D　引起全党和全国人民的关注,进一步搞好计划生育工作

3．我国开始实行计划生育的时间是：
   A 建国初期   C 60年代
   B 70年代   D 80年代
4．我国如果不实行计划生育,现在全国人口总数将达：
   A 12亿   C 14亿
   B 13亿   D 15亿
5．近年来,我国每年出生人数都在：
   A 2100万人左右   C 1400万人左右
   B 700万人左右   D 相当于智利和纽约市人口之和

阅读 （三）

湖南鼓励青年农民少生快富

本报讯（张斌　记者李利群）湖南长沙县跳马乡28岁的农民黄迪晋生了一个孩子后,便领了独生子女证,夫妻俩一心一意搞起了花卉盆景,仅去年一年就创收20余万。如今,黄迪晋夫妇成了长沙县少生快富的典型。

湖南是我国第七人口大省,其中85.3%是农业人口。近年来,全省高度重视计划生育工作,青年农民的生育观念正在逐渐转变,他们从少生孩子中得到了实惠。"多生孩子不如多挣票子","养儿防老不如积钱养老"的观念已被越来越多的人所接受。

为了帮助农民自觉实行计划生育,湖南很多地区都对计划生育户给予各种优惠。在长沙,计划生育户有6个优先：优先安置劳力到乡镇企业就业；优先安排生产基金和贷款；优先划拨生产用地和宅基地；优先提供技术服务；优先为兴办个体工商企业者按政策规定减免税费；优先办理养老保险。在常德灌溪镇中心,有一条"独生子女街",是镇里为奖励独生子女户特批的优惠地皮。在韶山,计生委每年都拿出一些资金,无息借给计划生育户发展生产。

选自1996年10月1日《中国青年报》

生　词

1.独生子女		dú shēng zǐnǚ	only child
2.花卉	（名）	huāhuì	flowers and plants
3.盆景	（名）	pénjǐng	potted landscape
4.创收	（动）	chuàngshōu	make a profit
5.典型	（名、形）	diǎnxíng	model; representative
6.实惠	（名、形）	shíhuì	material benefit

7. 划拨	（动）	huàbō	assign; allocate
8. 地皮	（名）	dìpí	land for building

专　　名

1. 湖南长沙县跳马乡	Húnán Chángshā Xiàn Tiàomǎ Xiāng	地名 name of a place
2. 常德灌溪镇	Chángdé Guànxī Zhèn	地名 name of a place
3. 韶山	Sháoshān	地名 name of a place

回答问题

1. 湖南青年农民的生育观念发生了哪些变化？
2. 湖南采取哪些措施帮助农民实行计划生育？

第 八 课

> **提示：**
> 　　毒品危害是人类社会的巨大灾难之一。目前，毒品已在全世界200多个国家和地区蔓延。面对严峻形势，我国政府采取了许多措施与毒品犯罪作斗争，并已取得显著成绩。

课　文

昨天是国际禁毒日
中国集中公判毒犯

本报讯 （记者　张强）昨天是世界人民向毒品犯罪宣战的纪念日。在这一天，全国各级法院根据最高人民法院的统一部署，在全国范围内开展了一场声势浩大的打击毒品犯罪的集中统一宣判行动。

据不完全统计，昨天上午，全国27个省、自治区、直辖市的各级法院同时召开262场宣判大会，集中宣判939起毒品犯罪案件，判处毒品犯罪分子1725人，其中被判处无期徒刑以上刑罚的犯罪分子有769人，参加公判大会的群众有175万余人。

毒品犯罪是社会危害极为严重的犯罪。据有关资料显示，吸食海洛因一旦成瘾，便终身难以戒除，海洛因吸食者的最长存活期一般仅为八年。毒品给人类的文明与发展带来了极大的灾难。毒品犯罪不仅严重危害人们的生命和身体健康，造成众多的吸毒者家破人亡、妻离子散，而且大量诱发抢劫、盗窃、杀人等严重刑事犯罪。吸毒者为了获得购买毒品的资金，往往铤而走险，无所不为，对社会治安构成严重的威胁。

最高人民法院副院长刘家琛指出，近几年来，特别是禁毒决定颁布实施以来，我国依法严厉惩处了一大批毒品犯罪分子，禁毒斗争取得了举世瞩目的巨大成绩。但是，应该看到，由于毒品犯罪是一个全球性的顽症，犯罪分子在获取巨额暴利动因的驱使下，不惜以身试法，冒着绞首的危险，疯狂地进行走私、制造、贩卖、运输毒品的犯罪活动。因此犯罪不可能在短时间内禁绝。他分析指出，

当前我国毒品犯罪呈现了新的发展态势:

一是毒品犯罪大要案增加。二是从境外走私毒品,跨国毒品犯罪突增。三是毒品犯罪向组织化、集团化发展。四是武装贩毒呈上升趋势。五是毒品犯罪活动由边境、口岸逐渐向内地渗透。

刘副院长表示:人民法院作为国家的审判机关,历来都将毒品犯罪作为刑事打击的重点。对于那些为了个人获取暴利而置他人生命健康于不顾的走私、贩卖、制造毒品的犯罪分子,将不断地加大打击力度,依法从重从快予以惩处。

节选自 1996 年 6 月 27 日《北京青年报》

生　词

1. 公判	(动)	gōngpàn	put somebody on public trial
2. 毒犯	(名)	dúfàn	drug smuggler
3. 宣战		xuān zhàn	declare war
4. 部署	(动、名)	bùshǔ	dispose; disposition
5. 宣判	(动)	xuānpàn	pronounce judgment
6. 判处	(动)	pànchǔ	sentence
7. 海洛因	(名)	hǎiluòyīn	heroin
8. 戒除	(动)	jièchú	give up
9. 家破人亡	(成)	jiā pò rén wáng	with one's family broken up, some gone away, some dead

家遭毁灭,亲人死亡。形容家庭惨遭不幸。

| 10. 妻离子散 | (成) | qī lí zǐ sàn | breaking up or scattering of one's family |

形容一家人被迫分离四散。

11. 诱发	(动)	yòufā	cause to happen
12. 抢劫	(动)	qiǎngjié	rob
13. 购买	(动)	gòumǎi	buy
14. 铤而走险	(成)	tǐng ér zǒu xiǎn	take a risk in desperation

指因无路可走而采取冒险行动。

| 15. 无所不为 | (成) | wú suǒ bù wéi | do all manner of evil |

什么坏事都干得出。含贬义。

16. 颁布	(动)	bānbù	issue
17. 实施	(动)	shíshī	carry out
18. 严厉	(形)	yánlì	stern
19. 惩处	(动)	chéngchǔ	punish
20. 举世瞩目	(成)	jǔshì zhǔmù	attract worldwide attention

全世界的人都注意着。

| 21. 顽症 | (名) | wánzhèng | persistent ailment |
| 22. 驱使 | (动) | qūshǐ | order about |

23. 以身试法	（成）	yǐ shēn shì fǎ		defy the law

明知犯法,还亲身去做违法的事。

24. 疯狂	（形）	fēngkuáng		insane
25. 大要案	（名）	dàyào'àn		important case

大的、重要的案件。

26. 口岸	（名）	kǒu'àn		port
27. 渗透	（动）	shèntòu		permeate; seep
28. 予以	（动）	yǔyǐ		give; offer

练 习

一、画线连词:

公判	原因	构成	法律
分析	罪犯	颁布	工作
戒除	食品	获取	威胁
购买	恶习	部署	暴利

二、判断对画线词语解释的正误:

1. 昨天是世界人民向毒品犯罪宣战的纪念日。
   （泛指展开激烈斗争）（ ）
2. 昨天上午,全国各级法院同时召开宣判大会,参加公判大会的群众有175万余人。
   （公众判决）（ ）
3. 吸食海洛因一旦成瘾,便终身难以戒除。
   （整个身体）（ ）
4. 我国依法严厉惩处了一大批毒品犯罪分子。
   （依照法律）（ ）
5. 当前我国毒品犯罪的一个新的发展态势是大要案增加。
   （又大又重要的案件）（ ）

三、比较 A、B 两句的意思是否相同:

1. A 昨天上午,全国参加公判大会的群众有175万人。
   B 昨天上午,全国有175万人民群众参加了公判大会。
2. A 海洛因吸食者的最长存活期仅为8年。
   B 吸食海洛因的人,其寿命最多也只有8年。
3. A 吸毒者为了获得购买毒品的资金,往往铤而走险,无所不为。
   B 吸毒者往往铤而走险,无所不为,都是为了获得购买毒品的资金。
4. A 我国对于那些为了个人获取暴利而置他人生命健康于不顾的走私、贩卖、制造毒品的犯罪分子,将不断加大打击力度,依法从重从快予以惩处。
   B 我国将不断加大打击力度,依法从重从快惩处那些为了个人获取暴利而不顾他人生命健康的走私、贩卖、制造毒品的犯罪分子。

四、根据所给词语内容回答问题：

1. 全国各级法院根据最高人民法院的统一部署，在全国范围内开展了一场声势浩大的打击毒品犯罪的集中统一宣判行动。

    问：在打击毒品犯罪斗争中，全国各级法院为什么能够采取集中统一的宣判行动？

2. 毒品犯罪不仅严重危害人们的生命和身体健康，造成众多的吸毒者家破人亡、妻离子散，而且诱发抢劫、盗窃、杀人等严重刑事犯罪。

    问：毒品犯罪的危害是什么？

3. 吸毒者为了获得购买毒品的资金，往往铤而走险，无所不为。

    问：吸毒者为什么往往铤而走险，无所不为？

4. 由于毒品犯罪是一个全球性顽症，犯罪分子在获取巨额暴利动因的驱使下，不惜以身试法，疯狂地进行毒品犯罪活动，因此，毒品犯罪不可能在短时间内禁绝。

    问：为什么毒品犯罪不可能在短时间内禁绝？

五、快速阅读：

全球每年毒品交易达 5000 亿美元

新华社利马 6 月 26 日电 世界每年毒品交易额达 5000 亿美元，超过石油和化工产品出口收入的总和。

这是联合国控制毒品计划署负责人帕特里斯·范登贝格 26 日在秘鲁举行的"国际禁毒日"活动上宣布的数字。这位联合国官员说，目前全球毒品非法交易相当于国际贸易额的 12%，是各国政府向发展中国家提供官方援助的 7~8 倍。

节选自 1996 年 6 月 28 日《人民日报》

阅读（一）

虎门销毒

本报记者　郑德刚

6 月 26 日是国际禁毒日。这天下午，在当年民族英雄林则徐虎门销烟的原址——广东省东莞市虎门镇的林则徐纪念馆前，来自机关、工厂、学校和部队的 1000 多名群众代表簇拥在纪念馆广场中央那尊古铜色的林则徐塑像周围，参加由广东省、东莞市禁毒委员会和公安机关组织的销毁毒品现场会。

会场上空，写着"有毒必肃，肃毒必严"、"人人禁毒，全家幸福"的几幅标语在微风中飘扬。下午 4 时，大会准时开始，在广东省禁毒委员会和省公安厅领导作简短讲话之后，人们来到当年林则徐销烟的销烟池旁。随着一声令下，烈焰腾空而起，近期缴获的 100 公斤海洛因和 30 公斤"冰毒"顷刻间便化为灰烬。

今天的销毁行动,是广东省几年来举行的第6次大规模现场销毁行动,也是广东省与东莞市第4次在虎门进行联合销毁。近年来,广东省各级禁毒部门和公安机关在广东省委、省政府以及全省各界人民群众的大力支持下,对日益猖獗的毒品犯罪活动开展了一系列坚决果断的打击行动,取得了很大的成果。今天的销毁行动,再次显示了广东人民坚决铲除毒祸的决心和信心。

在销烟池旁,一位当地青年一边注视着燃烧的火堆,一边对记者讲:"我已经看过几次这样的禁毒活动了,每参加一次,都觉得自己长了见识。毒品真是万恶之源,实在太害人了……"

选自1996年6月27日《人民日报》

生　词

1.	塑像	（名）	sùxiàng	statue
2.	现场会	（名）	xiànchǎnghuì	on-the-spot meeting
3.	标语	（名）	biāoyǔ	slogan
4.	飘扬	（动）	piāoyáng	wave; fly
5.	烈焰	（名）	lièyàn	raging flames
6.	腾空	（动）	téngkōng	soar; rise to the sky
7.	缴获	（动）	jiǎohuò	capture; seize
8.	冰毒	（名）	bīngdú	ice drug
9.	顷刻	（名）	qǐngkè	in a moment
10.	猖獗	（形）	chāngjué	be rampant
11.	铲除	（动）	chǎnchú	root out

专　名

1. 广东省东莞市虎门镇　Guǎngdōng Shěng Dōngguǎn Shì Hǔmén Zhèn　地名 / name of a place
2. 广东省禁毒委员会　Guǎngdōng Shěng Jìndúwěiyuánhuì　机构名 / Guangdong Provincial Committee of Banning Drugs
3. 东莞市禁毒委员会　Dōngguǎn Shì Jìndúwěiyuánhuì　机构名 / Dongguan Municipal Committee of Banning Drugs

判断正误

1. 民族英雄林则徐当年曾在广东省东莞市虎门镇销毒。（　）
2. 截至今年6月26日,在广东省东莞市虎门镇曾有过6次销毒。（　）

3. 为了打击毒品犯罪,广东省和东莞市都成立了禁毒委员会。（ ）
4. 6月26日,在虎门镇共烧毁了130多斤毒品。（ ）
5. 除在东莞市虎门镇销毁毒品外,广东省在其他地区也有过销毁毒品的行动。（ ）
6. 广东省人民群众支持销毁行动。（ ）

阅读（二）

吸毒女手握遗书跳楼

陈 骥

　　5月8日,在武汉市江汉区唐家墩街荷花池宿舍区,吸毒成瘾的女青年周某,割断左腕血管后跳楼自尽。

　　江汉区公安分局干警闻讯赶到现场时,发现24岁的该女手中紧握3封厚厚的遗书,信封上鲜血淋漓。

　　一封是写给其母亲的。近几年来,她吸毒吸掉了父母多年的积蓄,卖掉了父母用血汗钱添置的家产,临死前还将姨妈家的录像机,抱到典当商店当了400元钱,用于买海洛因。她在信中说:"妈妈,我太对不起您,只有死,我的良心才好过。我好悔、好悔。"

　　一封是写给其男朋友的。遗书中说:"我是多么想和你相伴人生,可这是不可能的了,活着对于我来说太痛苦,死是我惟一的选择。你明天就要从戒毒所回来,我不能去接你了。我担心你回来后受我的影响又犯毒瘾,因此我今天用我的死来劝告你,千万千万要彻底戒毒。"

　　一封是写给派出所的。遗书说:"是万恶的毒品毁了我的一生。"据遗书中自我介绍,她原本是个有理想、求上进、有教养的女孩,在学校一直是品学兼优的学生,参加工作后是单位的团支部书记,还是"三八红旗手",染上毒瘾后不得不自动离职。"严打"开始后,她本想主动到公安机关自首,下决心戒掉毒瘾,但又没有勇气和信心,所以只有选择死。她还特意在信封上注明:"请不要救我,我罪有应得,死有余辜。"她在遗书中呼吁:"毒品一日不除,国家和人民就一日不得安宁。公安机关要投入最大的力量,把贩毒的犯罪分子抓干净。"

选自1996年6月24日《中国青年报》

生　词

1. 遗书	（名）	yíshū	a letter left by one immediately before death
2. 现场	（名）	xiànchǎng	site; spot
3. 淋漓	（形）	línlí	dripping wet
4. 积蓄	（动、名）	jīxù	save; savings
5. 添置	（动）	tiānzhì	add to one's possessions; acquire
6. 家产	（名）	jiāchǎn	family property

7. 典当	（动）	diǎndàng	mortgage
8. 戒毒所	（名）	jièdúsuǒ	addiction centre for treatment
9. 毒瘾	（名）	dúyǐn	drug addiction
10. 品学兼优		pǐn xué jiān yōu	be a good student of good character
11. 三八红旗手		sānbā hóngqíshǒu	woman pacesetter
12. 严打	（动）	yándǎ	take strong measures against
13. 自首	（动）	zìshǒu	confess one's crime
14. 罪有应得	（成）	zuì yǒu yīng dé	one deserves one's punishment
15. 死有余辜	（成）	sǐ yǒu yú gū	even death would not expiate all his crimes
16. 安宁	（形）	ānníng	peaceful

专　　名

| 唐家墩街 | Tángjiādūn Jiē | 地名 name of a place |

回答问题

1. 周某为什么说对不起妈妈？
2. 周某对其男友提出什么劝告？
3. 周某对公安机关提出什么要求？

阅读（三）

我代表在经社理事会发言
提出国际合作禁毒三主张

本报联合国 6 月 25 日电 记者何洪泽、周德武报道：中国代表团团长、中国常驻联合国代理代表王学贤大使今天在经社理事会高级别会上就禁毒问题阐述了中国政府的看法，并提出了国际禁毒合作的三点主张。

王学贤提出了中国对国际禁毒合作的三点主张：1. 与毒品祸害作斗争是生产国、消费国和过境国的共同责任。需要国家、区域和国际三级共同努力。国家努力是基础。2. 发展中国家在禁毒斗争中困难更多更大，应从国际合作中得到更多的财力和技术援助。3. 应严格尊重各国的主权和领土完整，不得以禁毒合作为借口干涉别国内政。他说，只要按此行事，国际禁毒合作一定会取得新的进展。

王学贤同时指出，中国的禁毒任务仍很艰巨。他说，我国有的边境省为打击国际贩毒活动付出巨大代价，负担极其沉重，迫切需要国际社会给予必要的实际支持。他表示，中国将一如既往,重视和加强禁毒领域的国际合作。

选自 1996 年 6 月 27 日《人民日报》

生　　词

1. 代理	（动）	dàilǐ	act on behalf of someone in a responsible position
2. 阐述	（动）	chǎnshù	expound
3. 借口	（名、动）	jièkǒu	excuse
4. 艰巨	（形）	jiānjù	arduous
5. 一如既往	（成）	yì rú jì wǎng	as always

专　　名

经社理事会　　Jīngshè Lǐshìhuì　　机构名
　　　　　　　　　　　　　　　　　　Economic and Social Council

回答问题

1. 中国代表提出的国际合作禁毒的三点主张是什么？
2. 在禁毒斗争中,为什么中国也迫切需要国际社会的支持？

第九课

> **提示：**
> 　　农村合作医疗是中国农村的医疗保障制度。这种制度坚持民办公助、自愿、适度的原则；筹资以个人投入为主，集体扶持，政府适当支持。在解决农民看病、减轻农民医药费用负担等方面起到了积极的作用，受到了农民群众的欢迎。

课　文

交钱不多　受益不小
开封农民尝到合作医疗甜头

　　本报郑州7月27日电　记者戴鹏报道：一种新型的农村合作医疗保健制度，在河南开封市部分县、乡悄悄运作两年之后，如今已在该市全面推开。31个乡、镇的120多万农民兄弟由于从中得到了实惠，因而表现出少有的热情和欢迎："真是靠得住，等于给咱系上了保险绳，咱可以无牵无挂奔小康了。"

　　这种医疗保健制度最突出的特点是"合作"，资金筹措是关键。开封市在充分调查民情民意、吃准农民承受能力后，结合各县、乡的财政实际，确定了"多头"并举原则。即县乡财政拿小头，"集体公益金"出中头，农民个人交大头，建立较为雄厚的"合作医疗基金"。就像广收并蓄、统一调节、个别支出的巨型"血库"一样，平时大家各方供血，用时个别患者享用，很快便吸纳资金上千万元。基金的管理好坏，是成败的关键。作为管理主体，各乡、镇成立了合作医疗管理委员会，统一掌握收支。基金实行专账管理，定期公布，确保其取之于农民，用之于农民。开封市人大还出台了《农村合作医疗保健制度暂行规定》，为制度推行提供了法律和政策依据。

　　开封县64万农民全部参加合作医疗。农民每人每年只需交纳5至22元钱，看病时，执乡卫生院统一核发的"就诊证"，就可享受风险金补偿，或部分减免，或全免的不同档次待遇。要是小病或常规检查，一次减免的费用就顶得上全年交纳的基金款。

这种制度还促成了三级医疗预防保健网的建立,使预防和村民保健走上了规范化。同时促进了乡级卫生院的硬件水平、医疗水平的提高,许多卫生院添置了急用设备和救护车辆,医生也有了进修深造的资金来源。医德医风也得到转变,进村巡诊、送医送药的优良传统得到了恢复,方便了农民群众。

选自 1996 年 7 月 28 日《人民日报》

生　词

1. 合作医疗　　　　　　Hézuò yīliáo　　　　　co-operative medical service
   中国农村实行的一种医疗制度,由集体筹集资金,对其成员实行免费或部分免费防治疾病。
2. 悄悄　　（形）　　　qiāoqiāo　　　　　　　quietly
3. 运作　　（动）　　　yùnzuò　　　　　　　　operate
4. 推开　　　　　　　　tuīkāi　　　　　　　　popularize
5. 保险绳　（名）　　　bǎoxiǎnshéng　　　　　safety belt
6. 筹措　　（动）　　　chóucuò　　　　　　　raise（money）
7. 民意　　（名）　　　mínyì　　　　　　　　popular will
8. 吃准　　　　　　　　chī zhǔn　　　　　　be sure
9. 公益金　（名）　　　gōngyìjīn　　　　　　public welfare fund
10. 广收并蓄　　　　　　guǎng shōu bìng xù　　take in everything
11. 吸纳　　（动）　　　xīnà　　　　　　　　absorb；raise（money）
12. 出台　　　　　　　　chū tái　　　　　　　make a public appearance
    原指演员上场或比喻公开出面活动。现多指制订好的计划、方案、政策措施等正式公布实施。
13. 核发　　（动）　　　héfā　　　　　　　　approve and issue
14. 就诊　　　　　　　　jiù zhěn　　　　　　go to a doctor
15. 风险金　（名）　　　fēngxiǎnjīn　　　　　insurance
16. 补偿　　（动）　　　bǔcháng　　　　　　compensate
17. 减免　　（动）　　　jiǎnmiǎn　　　　　　reduce or remit（taxation,etc.）
18. 常规　　（名）　　　chángguī　　　　　　convention
19. 规范化　（动）　　　guīfànhuà　　　　　standardize
20. 卫生院　（名）　　　wèishēngyuàn　　　　commune hospital
    指一种基层医疗预防机构。主要任务是负责所在地区内医疗卫生工作、组织指导群众卫生运动、培养训练卫生人员等。
21. 硬件　　（名）　　　yìngjiàn　　　　　　hardware
    指计算机系统中固定装置的总和,也称硬设备。
22. 医德　　（名）　　　yīdé　　　　　　　　medical ethics
23. 医风　　（名）　　　yīfēng　　　　　　　medical atmosphere
24. 巡诊　　（动）　　　xúnzhěn　　　　　　（of a doctor）make one's rounds

专　　名

1. 河南　　　　　　Hénán　　　　　　　　省名
   　　　　　　　　　　　　　　　　　　　name of a province
2. 开封市　　　　　Kāifēng Shì　　　　　　城市名
   　　　　　　　　　　　　　　　　　　　name of a city

练　　习

一、画线连词：

筹措　　　　实际　　　　　　减免　　　　设备

结合　　　　群众　　　　　　恢复　　　　实惠

建立　　　　资金　　　　　　得到　　　　传统

方便　　　　基金　　　　　　添置　　　　费用

二、判断句中画线词语解释的正误：

1. 一种新型的农村合作医疗保健制度在河南开封市部分县乡<u>悄悄运作</u>两年后，如今已在该市全面推开。

   （不公开地进行试验）（　　）

2. 开封市在充分调查民情民意<u>吃准</u>农民承受能力后，结合县乡的财政实际，确定了"多头"并举的原则。

   （通过请客吃饭来了解清楚）（　　）

3. 基金实行专账管理，定期公布，确保<u>其取之于</u>农民，用之于农民。

   （其：基金）（　　）

   （于：在）（　　）

   （之：助词"的"）（　　）

4. 农民每人每年只需交纳5至22元钱，看病时，<u>执</u>乡卫生院统一核发的"就诊证"，就可享受风险金补偿，或部分减免，或全免的不同档次待遇。

   （执行）（　　）

三、阅读文章，快速寻找信息填空：

1. 这篇文章的体裁是_____。
2. 文章共分成_____个自然段。
3. "合作医疗"这个词语，首先出现在文章的_____上。
4. 有关"合作医疗保健制度的特点"的介绍，可以在文章的第_____个自然段里找到。
5. 文章第_____个自然段里，提到了开封市人大出台了《农村合作医疗保健制度暂行规定》。
6. 合作医疗优越性的介绍，主要在文章的第_____、_____个自然段中。

四、选择正确答案：

1. 开封农民对待农村合作医疗保健制度的态度怎样？

   A　很冷淡　　　　　　　C　没兴趣

   B　很欢迎　　　　　　　D　表面上热心

2．合作医疗资金的来源是
　　A　由农民个人负担　　　　C　由政府、集体、个人共同负担
　　B　由各县、乡财政负担　　D　由集体公益金负担
3．合作医疗的资金的筹措采取多头并举的原则。所谓"多头并举"指的是
　　A　政府出大头，集体出中头，个人出小头
　　B　集体出大头，农民出小头，政府出中头
　　C　农民出大头，集体出中头，政府出小头
　　D　集体出大头，农民出中头，政府出小头
4．合作医疗基金管理的主体是
　　A　县乡财政部门　　　　　C　乡卫生院
　　B　合作医疗管理委员会　　D　农民自己
5．建立农村合作医疗保健制度的好处，主要体现在以下几个方面，请指出其中不正确的一个：
　　A　农民可享受到"风险金补偿、部分减免、全免"的不同待遇
　　B　促进了乡级卫生院硬件水平和医疗水平的提高
　　C　农民可免交全年的基金款
　　D　使预防和村民保健走上规范化以及使医德医风得到转变

五、快速阅读：

大连有家流动医院

本报讯(邓正国)　日前，在大连市金州区街头，出现了一辆喷着"流动医院"、"招手即停、上门服务"几个醒目大字的面包车。车内整洁干净，摆放着各种检查、治疗仪器和药品，几位身着白衣的医护人员坐在里面。

"流动医院"的服务宗旨是：哪里需要哪里去。从去年4月中旬"流动医院"问世以来，共接收医治了几千名患者，为那些突发急病的人提供了及时救治，得到了群众的好评。

"流动医院"由6名医护人员组成，配有心电图机、血糖测定仪、血压计、B超机和手提式X光机等，基本能满足抢救的急用。此外，医院还专门为"流动医院"配备了BP机和家庭病房急救电话，为患者提供了便利的联络条件。

节选自1996年2月8日《中国青年报》

阅读（一）

让贫困乡民看病不再愁

□ 陈红梅

北京市民政局最近完成的一项调查报告显示：顺义县1000名农民在回答目前生活中最大的困难和问题时，84.4%的人首推医疗。又据对房山、平谷、通州、怀柔四区县的统计，因经济困难，得病10多天的人群中有15%未能就诊，需住院的病人中40%未能住院。

"小病扛、大病拖,听天由命"的现象十分普遍。

许多有识之士为解决此问题开出了一剂"良方":建立并推广农村合作医疗制度,即在国家支持下,主要依靠集体和农民共同筹集资金,通过一定的补偿方式,减轻农民医药费用负担,使其获得基本医疗服务,达到共同抗御疾病风险的目的。这一工作在全国已经开展,一些省市进展很快,如上海的农村合作医疗覆盖率已达 80% 以上,广大农民受益匪浅。

对此,京郊的农民反映如何?接受问卷征询的乡亲们,百分之百对合作医疗持赞成态度,尤其是那些贫困户,纷纷表示:盼望着合作医疗的建立。因为他们的心中都有一本账——每年被动支出的医药费要达数百乃至数千元,远远高于参加合作医疗的费用。

最近,市委、市政府提出目标:要在 2000 年实现本市 80% 的乡镇都建立起不同形式的合作医疗。

"保健康,奔小康"是京郊贫困山乡广大农民的心愿,也牵动着政协委员的心。在深入调研的基础上,他们纷纷建议:北京市要因地制宜,扎实地推进农村合作医疗,尤其在边远贫困乡村,应尽快建立这一制度!

鉴于目前城市医院收费偏高,即使农村有了合作医疗,也难以解决贫困农民看大病的困难。政协委员希望,在贫困乡村建立合作医疗医院,重点在京郊七个山区县各建一所。医院无需新建院址,只要在现有乡镇卫生院中选择一所交通方便、辐射面较大、医疗力量较强的中心医院,让其在继续为本地区提供医疗预防服务的同时,重点承担起为贫困农民大病住院治疗提供优质、低价服务的任务。各级政府可在该院实行一系列特殊优惠政策,合理降低某些医药和检查费用,争取城市医院在人才、技术与设备上的帮助,切实解决贫困农民看不起大病的问题。

节选自 1997 年 8 月 16 日《北京日报》

生　词

1. 扛	(动)	káng	endure; stand
2. 听天由命	(成)	tīng tiān yóu mìng	trust to luck
3. 有识之士	(名)	yǒu shí zhī shì	a man of insight
4. 良方	(名)	liángfāng	good plan
5. 负担	(动、名)	fùdān	burden
6. 抗御	(动)	kàngyù	resist; withstand
7. 问卷	(名)	wènjuàn	questionnaire
8. 征询	(动)	zhēngxún	consult
9. 调研	(动)	diàoyán	investigate and study
10. 鉴于	(介、连)	jiànyú	in view of
11. 辐射面	(名)	fúshèmiàn	radiation range

专　名

1. 房山	Fángshān	地名 name of a place

2. 平谷	Pínggǔ	地名	name of a place
3. 通州	Tōngzhōu	地名	name of a place
4. 怀柔	Huáiróu	地名	name of a place

判断正误

1. 北京市民政局最近对顺义县1000名农民进行了一次医疗调查。（ ）
2. 看不起病是极少数农民生活中最大的难题。（ ）
3. 有病不治的现象在房山、平谷等四区县的农民中十分普遍。（ ）
4. 解决农民求医看病最好的办法是建立农村合作医疗制度。（ ）
5. 在推广合作医疗制度上，北京的速度大大超过上海。（ ）
6. 农民欢迎合作医疗的真正原因是它的医疗费比较低。（ ）
7. 政协委员们认为北京农村建立合作医疗应该因地制宜。（ ）
8. 根据政协委员们的意见，在贫困乡村建立的合作医疗医院应是一座全新的现代化大医院。（ ）

阅读（二）

我国国民健康主要指标已居发展中国家前列

卫生部部长陈敏章1996年12月9日在全国卫生工作会议上宣布，我国国民健康的主要指标已居发展中国家前列。

陈敏章在工作报告中指出：近半个世纪以来，我国卫生工作取得了举世瞩目的成就：

——以社会主义公有制为主体的卫生服务体系基本形成。到1995年，全国已建有各类卫生机构19万个，形成了遍布城乡的医疗预防保健网；造就了一支拥有537万卫生人员和133万乡村医生、卫生员的卫生队伍。

——医学教育和医学科研长足进展，并培养了一批学科带头人和跨世纪人才。许多重大科研成果在防病、治病各个领域的应用产生显著效果，有些已达到国际先进水平。

——中医药事业发展迅速，初步形成了中医药的医、教、研体系和中药产业构架及经营网络。

——初级卫生保健工作不断推进。至1995年底，已有50%以上的县达到农村"初保"规划目标的低限标准。

——群众性的爱国卫生运动有了质的飞跃。全国已创建国家卫生城市26个，农村改水工程使4亿人吃上了自来水，80%以上的农村饮水卫生条件得到不同程度改善，并涌现了一批不同类型的改厕示范村、乡、县。

——卫生法制建设进一步加强，防病治病工作成绩显著。1963年消灭了天花；1994年基本消除了丝虫病；血吸虫病总发病率大幅度下降；儿童计划免疫工作成效巨大，1995年以来未发现"脊灰"野病毒病例；消灭麻风进入最后攻关阶段；法定报告传染病发病率从70年代的7061/10万下降为1995年的176.2/10万；大骨节病、克山病、高氟病、甲状腺肿等地方病病区不断缩小，发病患者显著减少；为防治碘缺乏病，已有80%的省市普遍推广食用碘盐；妇幼卫生保健成效明显，创建爱婴医院2957所；老年病防治研究已有较好的起步。

选自1997年1月6日《健康文摘报》

生　词

1.	前列	（名）	qiánliè	front rank
2.	公有制	（名）	gōngyǒuzhì	public ownership (of means of production)
3.	主体	（名）	zhǔtǐ	main part
4.	机构	（名）	jīgòu	institution
5.	卫生员	（名）	wèishēngyuán	health worker
6.	网络	（名）	wǎngluò	network
7.	飞跃	（动、名）	fēiyuè	leap
8.	涌现	（动）	yǒngxiàn	emerge in large numbers
9.	天花	（名）	tiānhuā	smallpox
10.	丝虫病	（名）	sīchóngbìng	filariasis
11.	血吸虫病	（名）	xuèxīchóngbìng	schistosomiasis
12.	免疫	（名）	miǎnyì	immunity (from disease)
13.	脊灰	（名）	jǐhuī	polio
14.	病例	（名）	bìnglì	case (of illness)
15.	麻风	（名）	máfēng	leprosy
16.	攻关	（动）	gōngguān	tackle key problems
17.	大骨节病	（名）	dàgǔjiébìng	Kaschin-Beck disease
18.	克山病	（名）	Kèshānbìng	Keshan disease
19.	地方病	（名）	dìfāngbìng	endemic disease
20.	起步	（动）	qǐbù	start

回答问题

1. 简单叙述我国卫生工作取得了哪些成就？（提取段主题句）
2. 社会主义公有制为主的卫生服务体系的形成表现在几个方面？
3. 我国的卫生法制建设和防病治病工作在几个方面取得了成绩？（只回答数字）

阅读 （三）

长寿的巴马人

王云珠今年106岁了。如果家里人不阻拦的话,她每天早晨6点钟就起床,开始给全家人做饭。她除了做饭、喂鸡,还能背《三字经》。

王云珠只是广西壮族自治区巴马瑶族自治县许多在世百岁老人中的一个。在这个有22.8万人口的县里,100岁以上的有70多人。另有90岁以上的200人,80岁以上的1500人,70岁以上的6000人。老妪娄麻正,已不知自己多大岁数了,但她记得一个世纪前发生的事情,邻居说她至少有130岁了,是巴马县年纪最大的。

设在东京的国际自然医学学会认为,位于北邕江流域、有着耸立的山峰和清澈的河水的巴马县,是世界五大长寿地区之一。

巴马县地处温带,全年降雨量和温度变化很小。因此生活在这里的人们容易适应一年到头的气候。几乎所有生活在这里的百岁老人都住在竹制或木制的二层住宅里。这些住宅集中在多山地区、河岸或林边。这里没有工厂,所以至今尚未受到现代工业的污染,整个地区被丰富的绿色植物所覆盖,环境宁静,空气清新,鸟语花香。

这个地方出产玉米和有营养的大米、红薯、大豆及其它豆类。玉米棒子经常挂在屋檐下,以使它们风干而不至于腐烂。

这些百岁老人的饮食相对简单,但被认为是典型天然药膳的样板,他们的食物主要是新鲜谷物、蔬菜和水果。老人们以玉米粥为主要食品,以一些野菜为副食,多数野菜都是苦的。他们的食品中近80%是谷物和蔬菜,他们有时也用油炒菜,包括豆油、南瓜籽油,特别是用一种野生大麻籽加工而成的油。这种油在其它地方主要用作中药的配料。老人们喝的是含大量钙质的河水。

巴马大多数百岁老人都热爱生活,坚持劳动,110岁的周亚堂每天都干家务活;114岁的魏布新每天仍自己劈柴,经常从数公里外挑柴回家;105岁的黄杰富住在山脚下一幢二层木房里,可以听到河水流淌的声音。她说:"我每天晚上八点睡觉,早上六点起床。白天别人下地干活,我照看我的孙子。我不知北京在哪里,连县城也已经好几年没进了。"

他们的婚姻、生育习惯也是长寿的因素之一。他们是自由婚姻,近亲结婚的很少,而且晚婚晚育。平均婚育年龄是26岁。（王义）

选自1996年2月13日《北京日报》

生　　词

1. 阻拦　　（动）　　zǔlán　　　　stop; obstruct
2. 在世　　（动）　　zàishì　　　 alive
3. 老妪　　（名）　　lǎoyù　　　　old woman
4. 耸立　　（动）　　sǒnglì　　　 tower aloft

5.	山峰	(名)	shānfēng	mountain peak
6.	清澈	(形)	qīngchè	limpid
7.	温带	(名)	wēndài	temperate zone
8.	降雨量	(名)	Jiàngyǔliàng	rainfall
9.	适应	(动)	shìyìng	suit; adapt
10.	污染	(动)	wūrǎn	pollute
11.	宁静	(形)	níngjìng	quiet
12.	清新	(形)	qīngxīn	fresh
13.	鸟语花香	(成)	niǎo yǔ huā xiāng	birds sing and flowers give forth fragrance (as on a fine spring day)
14.	红薯	(名)	hóngshǔ	sweet potato
15.	大豆	(名)	dàdòu	soybean
16.	屋檐	(名)	wūyán	eaves
17.	风干	(动)	fēnggān	air-dry
18.	腐烂	(动)	fǔlàn	rotten
19.	药膳	(名)	yàoshàn	medicated food
20.	样板	(名)	yàngbǎn	model
21.	谷物	(名)	gǔwù	grain
22.	野菜	(名)	yěcài	edible wild herbs
23.	南瓜籽	(名)	nánguāzǐr	pumpkin seeds
24.	大麻籽	(名)	dàmázǐr	castor bean
25.	钙质	(名)	gàizhì	calcium (Ca)
26.	晚婚	(名)	wǎnhūn	late marriage
27.	晚育	(名)	wǎnyù	late childbirth

专　　名

1.	广西壮族自治区	Guǎngxī Zhuàngzú Zìzhìqū	自治区名 name of an autonomous region
2.	巴马瑶族自治县	Bāmǎ Yáozú Zìzhìxiàn	自治县名 name of an autonomous county
3.	北邕江	Běiyōng Jiāng	江名 name of a river

> 回答问题

1. 巴马县有多少长寿老人？
2. 巴马县里年纪最大的是谁？她有多大岁数？
3. 巴马县人长寿的原因是什么？

第 十 课

> 提示：
> 　　我国的旅游业在改革开放中获得了巨大的发展，现在已成为我国重要的支柱产业。旅游业为我国的经济发展和人民精神生活的丰富，做出了巨大贡献。

课　　文

我国旅游业有了较快发展

孙　钢　陈吉江

　　我国旅游业是改革开放以后才真正步入发展轨道的。经过17年的努力，我国旅游业已基本实现了从"事业型"到"产业型"的转变，成为具有相当规模的经济产业。1994年底，全国共拥有旅游涉外饭店2995座，客房40.63万间；旅行社4382家；旅游车船公司151家；旅游商贸服务公司124家；其他旅游企业1085家；共拥有固定资产原值982.95亿元。1994年，我国旅游业的直接产出已达1655亿元；来华旅游入境人数达4500万人次，是1978年的24.8倍；其中外国人达560万人次，是1978年的24.4倍；国际旅游外汇收入73.23亿美元，占当年全国出口贸易收汇的6%，是1978年的30.4倍。我国国际旅游外汇收入在世界上的排名，已从1978年的第41位跃升到1995年的第9位。就产出水平和创汇水平看，旅游业已经可以和一些传统产业及国家确定的支柱产业媲美。旅游企业的劳动生产率和人均税利高于大部分传统产业。

　　除了创汇增收外，我国旅游业对经济发展的贡献还表现在：第一，提供了大量就业机会。据国家旅游局统计测算，1994年我国国际旅游直接从业人员达97.4万人，其他从事旅游经营活动的城乡人员约500万人。第二，使一批"老少边穷"地区脱贫致富。第三，改善投资环境，促进对外开放。

　　我国旅游业发展速度虽然很快，但和国际水平相比还有相当大的差距。如我国的旅游创汇额比泰国、新加坡高不了多少,而泰国的面积只相当于我们的一个省,新加坡只是一个城市国家。我国旅游业产值在国内生产总值中的比重不到4%,而许多国家已达到10%左右。据测算,目前我国开发出的旅游资源尚不到可供开发资源的1/10。我国旅游业的发展潜力是十分巨大的。按当前的发展势头和具备的潜力,到2010年我国国际旅游外汇年收入可望达到380亿美元,国内旅游年收入将达到10000亿元人民币,旅游业将成为我国的重要产业之一。对于这样一个很有希望的产业,我们认为要适当采取措施加快发展。

选自1996年2月12日《经济日报》

生　词

1.	步入	(动)	bùrù	enter
2.	轨道	(名)	guǐdào	track; course
3.	基本	(形)	jīběn	basic; fundamental
4.	转变	(动)	zhuǎnbiàn	change; transform
5.	具有	(动)	jùyǒu	possess; have
6.	相当	(形)	xiāngdāng	quite
7.	拥有	(动)	yōngyǒu	own; possess
8.	涉外	(形)	shèwài	concerning foreign affairs or foreign nationals

涉及与外国有关的。

9.	客房	(名)	kèfáng	guest room
10.	旅行社	(名)	lǚxíngshè	travel agency
11.	商贸	(名)	shāngmào	trade
12.	服务公司		fúwù gōngsī	service company
13.	企业	(名)	qǐyè	enterprise
14.	入境		rù jìng	enter a country
15.	人次	(量)	réncì	person-time
16.	外汇	(名)	wàihuì	foreign exchange
17.	收汇		shōu huì	collect foreign exchange
18.	排名		pái míng	occupy (a place)
19.	创汇	(动)	chuànghuì	earn foreign exchange
20.	支柱产业		zhīzhù chǎnyè	main industry

指起主要和关键作用的产业。

21.	媲美	(动)	pìměi	rival
22.	税利	(名)	shuìlì	taxation and profit
23.	增收	(动)	zēngshōu	increase income
24.	测算	(动)	cèsuàn	measure and calculate
25.	老少边穷		lǎo shǎo biān qióng	old revolutionary base areas, minority peoples' areas, border regions and poor areas

指老革命根据地、少数民族地区、边远地区和贫困地区的简称。

26. 脱贫致富		tuōpín zhìfù	shake off poverty and build up a fortune
指摆脱贫困走上富裕的道路。			
27. 差距	(名)	chājù	gap; disparity

练 习

一、用下列动词组成动宾短语：

拥有——   从事——

改善——   步入——

采取——   具有——

探讨——   经营——

二、选词填空：

1．1994年，来华旅游入境人数达4500万_____。
（人　　人数　　人次　　次）

2．旅游企业的劳动生产率和_____税利高于大部分传统产业。
（平均　　人均　　月均　　户均）

3．据测算，目前我国开发出旅游资源_____不到可供开发资源的1/10。
（只　　和　　尚　　与）

4．就产出水平和_____水平看，旅游业已经可以和一些传统产业和国家确定的支柱产业媲美。
（外汇　　利润　　创汇　　收汇）

5．我国旅游业的发展使一批"_____"地区脱贫致富。
（老弱病残　　老少边穷　　老中青妇　　老少皆宜）

三、连句：

1．A 改革开放以后
    B 我国旅游业
    C 是
    D 才真正步入发展轨道的
    （1）　　（2）　　（3）　　（4）

2．A 但
    B 我国旅游业发展
    C 和国际水平相比还有相当大的差距
    D 速度虽然很快
    （1）　　（2）　　（3）　　（4）

3．A 采取措施加快发展
    B 我们认为要适当
    C 对于
    D 旅游业这样一个很有希望的产业
    （1）　　（2）　　（3）　　（4）

四、选择正确答案：

1. 我国旅游业对经济发展的贡献主要表现在以下几项。指出文章未曾提到的一项：
   A 创汇增收和提供就业　　　C 促进外向型经济的发展
   B 使"老少边穷"地区脱贫致富　D 改善投资环境，促进对外开放

2. 我国旅游业的发展潜力十分巨大，这是因为
   A 和国际水平相比还有相当大的差距
   B 旅游业将成为我国的重要产业之一
   C 就发展水平、产值、资源开发都同大国的要求不相称
   D 在世界上的排名才第九位

3. 我国旅游业已经可以和传统产业和支柱产业相比，主要是根据
   A 劳动生产率和人均税利　　C 固定资产和入境人数
   B 产出水平和创汇水平　　　D 外汇收入在世界上的排名

4. 我国旅游业同国际水平之间的差距，主要表现在以下几项。请指出其中不正确的一项：
   A 旅游创汇额　　　　　　　C 旅游入境人数
   B 旅游产值　　　　　　　　D 旅游资源的开发

5. 作者写这篇文章的目的是
   A 赞扬中国旅游事业取得的巨大成就
   B 强调旅游业是重要产业
   C 强调要采取措施加快发展旅游业
   D 强调中国旅游业同国际水平相比还有差距

6. 文章谈得最多的内容是
   A 我国旅游业的成就　　　　C 对我国旅游业前景的预测
   B 我国旅游业的差距　　　　D 关于我国旅游业进一步发展的具体措施

五、快速阅读：

上半年创汇 54.8 亿美元
我国旅游业稳步增长

本报北京 8 月 7 日讯　记者龚雯从国家旅游局获悉：今年上半年，我国国际旅游外汇收入累计测算数为 54.8 亿美元，比去年同期增长 15.59%，来华旅游入境人数 2669.99 万人次，比去年同期增长 8.67%。

在上半年来华旅游入境人数中，外国人为 346.41 万人次，港澳同胞为 2211.76 万人次，台湾同胞 106.66 万人次，分别较去年同期增长 11.06%、7.32% 和 37.32%，华侨为 5.16 万人次，下降 18.41%。亚洲、美洲游客增长一成以上。在 15 个主要客源国中，增幅最大的仍是马来西亚，达 34.3%，俄罗斯增长两成多。

据测算，1～6 月，过夜旅游者在华花费为 48.99 亿美元，一日游游客在华花费为 5.81 亿美元，各占全国国际旅游外汇收入的 89.4% 和 10.6%。

选自 1997 年 8 月 8 日《人民日报》

阅读（一）

"八五"：旅游业成为京城三产"台柱子"

本报讯（记者陈铮）记者30日从市旅游局获悉，在1990至1995的"八五"期间，本市旅游业的创汇能力已超过20亿美元，与我市外贸出口创汇并驾齐驱；年收入总额超过400亿元人民币，占我市国民生产总产出额的10%，占我市第三产业总产出额的40%以上。北京的旅游业已成为北京第三产业的重要支柱产业。

改革开放以来，北京的旅游业得到了迅猛发展。在八五期间，北京作为我国最主要的入境旅游和国内旅游中心，最大的旅游客源集散地和交通枢纽，最主要的旅游创汇基地，共接待海外旅游者总量919.5万人次，超过八五计划接待总量700万人次的31.8%，比七五期间接待总量增长87.1%，外汇收入总计为72.8亿美元，超过八五计划40亿美元的82%，比七五期间外汇收入总量增长159%。

八五期间，我市的旅游服务设施也已基本完善。到1995年底，我市拥有涉外饭店247家（比"七五"期间的184家增长34%），客房5.7万间（比"七五"末的4万间增长43%）。其中130家属按国家标准评定的星级饭店（比"七五"末的121家增加57%）。目前，我市三星级以上饭店的设备设施、服务水平基本与国际星级饭店持平，并接受了第四次世界妇女大会等大型国内外会议的考验。除了饭店，我市的旅行社也从"七五"末的68家增加到340家，饭店旅游部从9家增至16家，导游员人数从2000名增至3500名，导游语言达21种。

为了规范旅游市场，保证旅游者在北京的旅游质量，"八五"期间，北京市旅游局先后制定了43项旅游管理规范性文件，并在全市18个区、县全部成立了旅游管理部门，大大加强了全市行业管理的广度和深度。以市旅游局局长董春生任会长的北京旅游行业协会的建立，也为规范企业行为、完善市场机制、提高服务质量、抑制不公平竞争起到了积极的作用。

经过1990至1995年的五年建设，北京旅游业已形成了相当的产业规模，具备了多元化、多层次的综合接待能力，构成了比较完善的旅游生产力体系。

选自1996年2月5日《北京青年报》

生　词

1. 台柱子	（名）	táizhùzi		mainstay
2. 并驾齐驱	（成）	bìng jià qí qū		keep pace with somebody
3. 总额	（名）	zǒng'é		total
4. 集散地	（名）	jísàndì		distributing center
5. 枢纽	（名）	shūniǔ		pivot; hub
6. 基地	（名）	jīdì		base

7. 星级	（名）	xīngjí	star
8. 考验	（动、名）	kǎoyàn	test; trial
9. 导游员	（名）	dǎoyóuyuán	tourist guide
10. 机制	（名）	jīzhì	mechanism
11. 抑制	（动）	yìzhì	restrain; control
12. 竞争	（动）	jìngzhēng	compete
13. 多元化	（动）	duōyuánhuà	diversify
14. 体系	（名）	tǐxì	system

判断正误

1. "八五"期间，北京市旅游业年创汇能力已超过20亿美元。（ ）
2. "八五"期间，北京市的旅游业年收入已超过该市国民生产总产出的40%。（ ）
3. "八五"期间，北京市旅游业共接待海外旅游者700万人次，创汇72.8亿美元。（ ）
4. 北京市三星级以上的饭店的设施和服务水平已可以同国际同类饭店相比。（ ）
5. 为了规范旅游市场，保证旅游质量，"八五"期间，北京市政府先后制定了43个有关法规。（ ）
6. 现在北京市旅游业的综合接待能力可以从它的多元化和多层次上体现出来。（ ）

阅读（二）

双休日新景观——京津互游

随着双休日旅游热的兴起，北京、天津这两个大城市的市民从来没有像去年这样频繁的"交往"过。

1995年12月16日，周末，笔者也到天津游了一遭。

在津门第一大商场天津劝业场，熙来攘往的人流中不时地传来北京话。饭店的管理人员估测，这一天劝业场的北京游客能达到一万人。

在天津市南市食品街的四周，停放着大大小小38辆挂有"京"字牌照的汽车。鸭溪大酒楼内，能清楚地听到京字京腔的笑闹声。

下午四时，一小时发一趟北京的"阿尔莎"大客车刚进站不久，车上的座位便被返回的北京人抢坐一空，行李架也被大包小包的服装兜和"桂发祥"大麻花等"天津三绝"塞得满满当当。

来自天津市旅游局的统计数字显示，赴天津各景区旅游的北京人也已突破百万大关。其中仅海滨浴场一地七、八、九三个月份就接待北京游客多达四五十万人。

与此同时，旅游旺季来北京观光的天津游客也是有增无减，如八达岭、石花洞、龙庆峡等备受天津人的青睐。密云县的"京东第一瀑"去年共接待了50余万天津游客，到世界公园旅游的天津游客更是每天多达四五千人。

北京人在这冰天雪地时节去天津的主要目的是购物和餐饮。在天津劝业场的皮

78

革厅,一位家住北京宣武门姓郭的年轻人正在把新买的皮衣往衣箱里装。他告诉记者,皮衣花了4400多元,在北京5000元都下不来。

天津人到北京则不同,主要意在山水之间。早晨来,直奔要逛的景点,晚上打道回府,可谓"短促出击"。

旅游界人士分析,京津居民互游是与两地的旅游资源的互补性分不开的。另外,就目前京津居民用于旅游消费支出的能力而言,能花得起上千元去做一次长途旅行的毕竟是少数人,大部分还处在"出趟近门儿"的水平上。　　　(杜增良文)

选自1996年3月26日《文摘报》

生　　词

1.	双休日	(名)	shuāngxiūrì	weekend
2.	笔者	(名)	bǐzhě	author
3.	熙来攘往	(成)	xī lái rǎng wǎng	with people bustling about
4.	估测	(动)	gūcè	estimate
5.	牌照	(名)	páizhào	license plate
6.	满满当当	(形)	mǎnmǎndāngdāng	full to the brim
7.	景区	(名)	jǐngqū	scenic spot
8.	大关	(名)	dàguān	juncture
9.	浴场	(名)	yùchǎng	outdoor bathing place
10.	冰天雪地	(成)	bīngtiān xuědì	a world of ice and snow
11.	餐饮	(名)	cānyǐn	diet; food and drink
12.	青睐	(动)	qīnglài	favour; good graces
13.	皮革	(名)	pígé	leather
14.	打道回府	(成)	dǎ dào huí fǔ	return
15.	有增无减	(成)	yǒu zēng wú jiǎn	ever-increasing

专　　名

1.	天津劝业场	Tiānjīn Quànyèchǎng	百货公司名 name of a department store
2.	南市	Nánshì	地名 name of a place
3.	阿尔莎	Āěrshā	公共汽车名 name of a bus
4.	八达岭	Bādálǐng	地名 name of a place
5.	石花洞	Shíhuādòng	山洞名 name of a cave
6.	龙庆峡	Lóngqìngxiá	地名

			name of a place
7. 宣武门		Xuānwǔmén	地名
			name of a place

回答问题

1. 京津两地市民互游对方城市,其目的有什么不同?
2. 北京有哪些旅游景点受到天津市民的青睐?
3. 北京市民为什么喜欢去天津购物?

阅读(三)

我国将开展旅游市场专项治理

本报北京1月29日讯 记者施明慎从国家旅游局获悉,为保障旅游企业的合法权益,创造良好的旅游市场环境,今年国家将开展旅游市场专项治理,重点是打击无证、无照经营和超范围经营,以及整治治安混乱、敲诈勒索、假冒伪劣、滥设摊点等突出问题。

改革开放以来,我国旅游业迅速发展,已成为世界重要的旅游目的地之一。同时旅游市场在发展过程中也出现了一些不规范的现象。一些单位和个人无视国家有关法律、法规,扰乱旅游市场秩序,降低服务质量标准,侵犯了合法经营的旅游企业和旅游者的合法权益,损害了旅游业的形象。针对旅游收费混乱的问题,国家旅游局局长何光暐要求各地旅游行政管理部门与有关部门协调,建立合理的收费标准,纠正各种"票外票"、"价外价"等做法,并及时受理群众对旅行社、旅游定点商店、餐馆乱收费的投诉,作出赔偿决定,不能手软,更不能搞地方保护主义。何光暐还指出,"一日游"、"几日游"中存在的质量问题已影响到各地的旅游形象,要把这项工作纳入行业管理范围。各城市旅游行政管理部门要从经营"一日游"、"几日游"的旅行社、旅游车船公司认真抓起,树立一个良好的专业化、规范化旅游服务形象。

选自1996年1月30日《人民日报》

生　　词

1. 保障	(动)	bǎozhàng	guarantee
2. 权益	(名)	quányì	rights and interests
3. 创造	(动)	chuàngzào	create
4. 专项	(名)	zhuānxiàng	special
5. 整治	(动)	zhěngzhì	put in order
6. 治安	(名)	zhì'ān	public order

7. 混乱	（形）	hùnluàn	confusion
8. 敲诈勒索		qiāozhà lèsuǒ	extort
9. 假冒伪劣		Jiǎmào wěiliè	false and poor quality
10. 滥设	（动）	lànshè	set up stalls indiscriminately
11. 摊点	（名）	tāndiǎn	vendor's stand
12. 扰乱	（动）	rǎoluàn	disturb
13. 秩序	（名）	zhìxù	order
14. 侵犯	（动）	qīnfàn	violate; encroach on
15. 损害	（动）	sǔnhài	harm; damage
16. 形象	（名）	xíngxiàng	image
17. 协调	（动）	xiétiáo	coordinate
18. 纠正	（动）	jiūzhèng	correct
19. 投诉	（动）	tóusù	(of a customer) complain
20. 赔偿	（动）	péicháng	compensate
21. 手软		shǒu ruǎn	be soft-hearted
22. 地方保护主义		dìfāng bǎohù zhǔyì	local protectionism
23. 行业	（名）	hángyè	trade; industry
24. 票外票		piào wài piào	extra ticket

回答问题

1. 国家今年将开展的旅游市场专项治理的目的和专项治理的重点是什么？
2. 旅游市场在发展过程中出现了哪些不规范现象？
3. 针对旅游收费混乱的问题，国家将采取哪些措施？

第十一课

> **提示：**
> 　　能源是重要资源。我国拥有丰富的能源资源，既是能源生产大国，又是能源消费大国。为了保障国民经济发展和人民群众对能源日益增长的需要，我国已经制定了适合国情的能源政策。

课　　文

中国的能源政策（节选）

　　能源为国民经济发展提供动力，也是人民生活的必需品，煤炭和石油天然气还是重要的工业原料。国际上往往以能源人均占有量、能源构成、能源使用效率和对环境的影响，来衡量一个国家的现代化程度。建国以来我国能源工业有很大发展，1996年生产的一次能源，包括原煤、原油、天然气、水电，不包括农家用的薪柴、沼气、风力等类能源，折合标准煤12.6亿吨，居世界前列。但是，我国人口众多，按人口平均每人每年消耗的能源折合标准煤为1.14吨，仍低于世界平均水平。能源使用效率不高，存在许多浪费现象。

　　我国有丰富的能源资源，但结构不尽合理，地域分布很不平衡。我国煤炭资源十分丰富，水电资源居世界第一位。但是，从已探明的储量看，石油和天然气资源相对不足。随着经济发展和人民生活水平的提高，对油气的需求必将大幅度增加。我们在努力开发本国石油天然气资源的同时，还要利用部分国外资源。

　　电力是一种先进的和使用方便的能源。过去电力经常供应不足，"拉闸限电"、"停三开四"，是长期困扰我国经济发展和人民生活的问题。改革开放以来，电力工业得到较快发展，现已拥有二亿三千多万千瓦装机容量，居世界第二位。大部分地区供电紧张状况已经缓解，一些地区电力仍然不足，也有少部分地区出现了电力供大于求的暂时现象。

　　我们已经制定了"九五"计划和2010年远景发展规划。"九五"计划开局不错。纵观国内和国际条件，我国经济将会保持长期稳定发展的势头。其中一个重要因素，是能源工业能否适应国民经济发展的需要。回答是肯定的，因为我国有丰富的能源资源，已经建立起开发各种能源资源的完整体系，有一支经验丰富，素质较高的从科研、勘探、设计、建设到生产经营的能源大军,已经摸索出一套合乎中国国情的能源政策。在前进的道路上虽然还会遇到困难,但我们对中国的能源发展前景充满信心。

作者　李鹏

选自 1997 年 5 月 29 日《人民日报》

生　　词

1. 能源　　（名）　　néngyuán　　energy
   蕴藏能量的自然资源。
2. 动力　　（名）　　dònglì　　power
3. 煤炭　　（名）　　méitàn　　coal
4. 石油　　（名）　　shíyóu　　oil
5. 天然气　（名）　　tiānránqì　　natural gas
6. 原料　　（名）　　yuánliào　　raw material
7. 效率　　（名）　　xiàolǜ　　efficiency
8. 衡量　　（动）　　héngliáng　　measure
9. 原煤　　（名）　　yuánméi　　raw coal
10. 原油　　（名）　　yuányóu　　crude oil
11. 薪柴　　（名）　　xīnchái　　firewood
12. 沼气　　（名）　　zhǎoqì　　marsh gas
13. 消耗　　（动）　　xiāohào　　consume
14. 地域　　（名）　　dìyù　　region
15. 分布　　（动）　　fēnbù　　be dispersed
16. 平衡　　（形、动）　pínghéng　　balance
17. 探明　　（动）　　tànmíng　　ascertain
18. 储量　　（名）　　chǔliàng　　reserve
19. 困扰　　（动）　　kùnrǎo　　perplex
20. 千瓦　　（量）　　qiānwǎ　　kilowatt
21. 缓解　　（动）　　huǎnjiě　　releave; alleviate
    矛盾缓和,紧张程度减轻,情况好转;使缓解。
22. 开局　　（名）　　kāijú　　opening (of a chess game, etc.)
    开始的阶段。
23. 纵观　　（动）　　zòngguān　　make a general survey
24. 勘探　　（动）　　kāntàn　　explore
25. 摸索　　（动）　　mōsuǒ　　grope
26. 国情　　（名）　　guóqíng　　national conditions

练 习

一、画线连词：

消耗	计划	勘探	经验
困扰	体力	衡量	资源
制定	矿藏	摸索	信心
探明	居民	充满	得失

二、选词填空：

1. 能源为国民经济_____动力，也是人民生活的必需品。（提供　供应）
2. 过去电力经常_____不足，"拉闸限电"、"停三开四"是长期困扰我国经济发展和人民生活的问题。（供应　提供）
3. 能源使用_____不高，存在许多浪费现象。（效果　效率）
4. 我国现已_____二亿三千多万千瓦装机容量，居世界第二位。（具有　拥有）
5. 纵观国内和国际条件，我国经济将会保持长期_____发展的势头。（稳固　稳定）
6. 在前进的道路上虽然还会遇到困难，但我们对中国能源发展前景_____信心。（充满　充分）

三、连句：

1. A 为国民经济发展
   B 能源
   C 提供动力
   （1）　　（2）　　（3）

2. A 已经缓解
   B 我国大部分地区
   C 供电紧张状况
   （1）　　（2）　　（3）

3. A "九五"计划和2010年远景发展规划
   B 我们
   C 已经制定了
   （1）　　（2）　　（3）

4. A 我国经济
   B 长期稳定发展的势头
   C 将会保持
   （1）　　（2）　　（3）

5. A 充满信心
   B 对中国的能源发展前景
   C 我们
   （1）　　（2）　　（3）

四、选择正确答案：
  1．我国居世界第一位的资源是
    A 煤炭资源　　　　　　　C 水电资源
    B 原油资源　　　　　　　D 天然气资源
  2．我们所说的能源主要是指
    A 原油　　原煤　　天然气　　薪柴
    B 原煤　　原油　　水电　　　风力
    C 原油　　水电　　原煤　　　沼气
    D 原煤　　原油　　天然气　　水电
  3．在主要能源中，先进和使用方便的是
    A 煤炭　　　　　　　　　C 电力
    B 石油　　　　　　　　　D 天然气
  4．我国能源工业能够适应国民经济发展需要的理由有
    A 3个　　　　　　　　　C 5个
    B 4个　　　　　　　　　D 2个

五、快速阅读：

塔里木进入世界大气田行列

塔里木油气资源勘探开发最新成果表明，全盆地现已探明天然气储量2062亿立方米，按照国际标准衡量，已进入世界大型天然气田的行列。石油及天然气的资源总量，分别为107.6亿吨和83.9万亿立方米。在今后5年中，探区将建成10亿立方米天然气生产能力。

(据新华社)

选自1996年8月2日《人民日报》

阅读（一）

我国钢产量跃居世界第一
年产量突破一亿吨　产销率保持在99%左右

本报北京12月31日讯　记者江世杰报道：冶金部部长刘淇今天宣布：1996年我国钢产量突破1亿吨，跃居世界第一位。这是我国钢铁工业发展进程中一个新的里程碑。

据介绍，我国从1890年张之洞创办汉阳铁厂到1948年的半个多世纪中，产钢总量仅760万吨。新中国成立后的第八年，全国年钢产量达到535万吨。从1978年到"六五"末期，钢产量从3178万吨提高到4679万吨。从80年代末到90年代，我国钢铁工业发展进一步加快：1989年钢产量超过6000万吨，1991年超过7000万吨，1992年超过8000万吨，1994年超过9000万吨。

更为可喜的是，在数量快速增长的同时，我国钢铁工业结构也发生了巨大的变化。工艺技术落后的平炉钢的比重，1996年仅为12%，比建国初期下降了67个百分点。转炉钢1996年占70%，比建国初期上升了69个百分点。标志着炼钢工艺技术水平的连铸坯产量，1996年比1978年增加近47倍，达到5300万吨，连铸比达到53%。目前，我国钢材自给率已达到

88%,产销率保持在99%左右。国防工业和尖端技术所需关键金属材料,已能全部由国内研制并满足需要。

选自1997年1月1日《人民日报》

生　　词

1. 产量	（名）	chǎnliàng	output
2. 产销率	（名）	chǎnxiāolǜ	the rate of production and marketing
3. 里程碑	（名）	lǐchéngbēi	milestone
4. 工艺	（名）	gōngyì	technology; craft
5. 自给率	（名）	zìjǐlǜ	the degree of self-sufficiency
6. 研制	（动）	yánzhì	develop (drugs, weapons, etc.)

专　　名

1. 冶金部	Yějīnbù	机关名 Ministry of Metallurgical Industry
2. 汉阳铁厂	Hànyáng Tiěchǎng	工厂名 Hanyang Iron Plant

判断正误

1. 1996年,我国是世界上钢产量最多的国家。（　）
2. 我国在1949年以前的半个多世纪中产钢总量还没有现在一个月的钢产量多。（　）
3. 新中国成立后的八年中产钢总量为535万吨。（　）
4. 在80年代末,我国钢年产量就已经超过7000万吨。（　）
5. 平炉钢没有转炉钢的工艺技术先进。（　）
6. 我国自产钢材已经能够满足国内需要。（　）

阅读（二）

我国原油年产突破1.5亿吨
提前实现国家提出的2000年原油产量目标

本报北京12月14日讯 据中国石油天然气总公司统计资料表明,截至12月14日,我国今年原油产量达到1.5亿吨。这是继1978年以来踏上的又一个大的台阶。

1965年,由于大庆油田的开发,我国原油年产量达到1000万吨,实现了原油的基本自给。1978年产油达到1亿吨,使我国进入世界产油大国的行列。"七五"、"八五"期间,陆上石油工业在勘探开发难度越来越大的情况下,实施"稳定东部、发展西部"的战略,原油产量连年稳中有升,海洋石油开发也逐年上升,全国原油产量终于在今年突破1.5亿吨大关。预计全年产油可超过1.55亿吨,提前实现国家提出的2000年原油产量目标。

据统计资料表明,踏上1.5亿吨的台阶,一是东部油田持续稳产打下基础,以大庆为首的东部陆上油田今年仍占全国总产量的80%;二是西部几个油田都比去年有较大幅度增长,仅克拉玛依油田年产就可望超过800万吨;三是海洋石油开发上力度加大,产量占全国产量的9.5%。

(李书龙)

选自1996年12月15日《人民日报》

生　词

1. 行列　　（名）　　hángliè　　　　rank
2. 稳产　　（名）　　wěnchǎn　　　stable yields
3. 逐年　　（副）　　zhúnián　　　　year by year
4. 可望　　　　　　　kě wàng　　　　hopefully

专　名

中国石油天然气总公司　　Zhōngguó Shíyóu Tiānránqì Zǒnggōngsī　　公司名　China Petroleum and Natural Gas Company

回答问题

1. 为什么说我国是世界产油大国?
2. 1996年,我国原油产量为何能够踏上1.5亿吨的台阶?

阅读（三）

大亚湾核电站通过国家验收
国务院总理李鹏致信祝贺

新华社深圳12月17日电（记者李南玲）广东大亚湾核电站工程今天正式通过国家验收。验收评价认为:核电站达到合同要求,质量优良,运行安全可靠,经济效益良好。经验收正式交付生产运行。国务院总理李鹏发来贺信,称赞大亚湾核电站开创了我国利用外资建设大型能源基础产业项目的新路子。

广东大亚湾核电站是我国引进技术、设备和资金建设的第一座大型商业用核电站。这个核电站于1982年被国家批准立项,经过中外承包商和全体中外建设者7年多的共同努力,两台98.4万千瓦压水堆机组分别于1994年2月1日和5月6日投入商业运行。大亚湾核电站坚持安全第一、质量第一的方针,在广东、香港两个电网的大力支持下,安全稳定运行,至今累计发电超过335亿千瓦时,累计上网电量达320亿千瓦时。1996年计划上网电量115亿千瓦时,截至今日上网电量已超过112亿千瓦时。

大亚湾核电站不仅取得了良好的经济效益和社会效益,还为香港和广东地区提供了能替代年耗600万吨标准煤的火电厂的干净能源。

在今天下午举行的验收大会上,国家验收委员会主任委员、国家计委副主任陈同海向广东核电合营有限公司颁发了验收合格证书。

选自1996年12月18日《人民日报》(海外版)

生　词

1. 核电站	(名)	hédiànzhàn	nuclear power plant
2. 验收	(动)	yànshōu	check and accept
3. 合同	(名)	hétong	contract
4. 优良	(形)	yōuliáng	fine
5. 开创	(动)	kāichuàng	start; initiate
6. 承包商	(名)	chéngbāoshāng	contractor
7. 电网	(名)	diànwǎng	electrified wire netting
8. 千瓦时	(量)	qiānwǎshí	kilowatt-hour (KWh)
9. 火电厂	(名)	huǒdiànchǎng	thermal power plant
10. 证书	(名)	zhèngshū	certificate

专　名

1. 国家验收委员会　　Guójiā Yànshōu Wěiyuánhuì　　机构名 State Acceptance Commission
2. 国家计委　　Guójiā Jìwěi　　机构名 State Planning Commission
3. 广东核电合营有限公司　　Guǎngdōng Hédiàn Héyíng Yǒuxiàn Gōngsī　　公司名 Guangdong Nuclear Power Joint Company, Ltd.

回答问题

1. 国家对广东大亚湾核电站的验收评价如何?
2. 广东大亚湾核电站是怎样建设起来的?效益如何?

第十二课

> **提示：**
> 40多年前，中国的航天工业还是一片空白。经过40多年的艰苦努力，现已取得了巨大的进步。到目前为止，中国已成功地发射了48颗人造卫星。

课　文

"东方红三号"顺利升空
我国在国际卫星发射市场地位将巩固

本报西昌讯 5月12日零点17分，我国新研制的"东方红三号"通信卫星在西昌卫星发射中心发射升空。中共中央政治局委员、国务院副总理吴邦国及其他有关部门领导在现场观看了发射。

24分钟后，由来自西安卫星测控中心的数据表明，火箭已顺利完成各个升空程序，准确地将卫星送入预定转移轨道。

此次发射是长征系列运载火箭的第44次发射，是"长征三号甲"运载火箭的第三次发射。据悉，"长三甲"运载能力较大，可将2.6吨有效载荷送入地球同步转移轨道，同时也可兼顾其他轨道卫星发射，包括一箭双星或多星的发射。箭上采用了在世界上属高难技术的大推力氢氧发动机、动调陀螺四轴平台等多项新技术。

中国运载火箭技术研究院副院长黄春平在火箭发射成功后十分感慨，他说，这对巩固我国在国际卫星发射市场的地位具有重要意义，特别是对今年下半年发射四颗国外卫星的影响巨大。在竞争激烈的国际商用卫星发射市场，中国航天面临着严峻的考验，此次发射不仅关系到我国经济发展和技术进步的进程，对树立中国航天企业的形象，进一步拓展国际市场，也至关重要。

"东方红三号"通信卫星总指挥朱爱康和总设计师范本尧对这颗卫星做简单介绍：由中国空间技术研究院研制的"东三"卫星，是我国新一代广播通信卫星，星上装有24个C波段转发器，工作寿命8年，相当于12颗我国此前研制使用的"东方红二号甲"通信卫星。

他们说，此次发射的是第二颗"东方红三号"卫星，第一颗卫星在1994年发射后，因星上姿态控制推进系统故障未能正常投入使用，两年多来，有关方面查清了原因，在技术上做了改进,加强了质量控制,增强了可靠性。

据了解,在"东方红三号"通信卫星定点成功后,将可连续向全国同时传输6路彩色电视节目和8100路电话,可满足2000年前后全国各地收转电视、广播和通信的要求。

文/孙宏金　**本报记者**赵旭

选自1997年5月13日《北京青年报》

生　词

1. 研制　　　　（动）　　　yánzhì　　　　　　study and produce
   研究并制造。
2. 通信卫星　　　　　　　　tōngxìn wèixīng　　communications satellite
   应用卫星的一种,用作地面微波远距离通信的中继转发站。
3. 发射　　　　（动）　　　fāshè　　　　　　　launch
4. 观看　　　　（动）　　　guānkàn　　　　　　watch
5. 测控　　　　（动）　　　cèkòng　　　　　　 observe and control
   观测和控制。
6. 数据　　　　（名）　　　shùjù　　　　　　　data
7. 程序　　　　（名）　　　chéngxù　　　　　　procedure
8. 预定　　　　（动）　　　yùdìng　　　　　　 fix in advance
9. 转移轨道　　　　　　　　zhuǎnyí guǐdào　　 shifting orbit
10. 系列　　　　（名）　　　xìliè　　　　　　　series
    性质相似或相关联的成组成套事物。
11. 运载火箭　　　　　　　　yùnzài huǒjiàn　　 carrier rocket
    把人造天体或宇宙飞船运送到预定轨道上去的火箭。通常为多级火箭。
12. 有效载荷　　　　　　　　yǒuxiào zàihè　　　useful load
13. 同步　　　　（形）　　　tóngbù　　　　　　 synchronous
    在变化过程中互相保持恒定距离或角度的关系;也泛指相关的事物协调一致。
14. 兼顾　　　　（动）　　　jiāngù　　　　　　 give consideration to
15. 商用　　　　（形）　　　shāngyòng　　　　　use for commerce
16. 航天　　　　（名）　　　hángtiān　　　　　 spaceflight
    人造地球卫星或宇宙飞船到行星际空间去飞行,也称行星际航行或星际航行。
17. 面临　　　　（动）　　　miànlín　　　　　　be faced with
18. 波段　　　　（名）　　　bōduàn　　　　　　 wave band
19. 故障　　　　（名）　　　gùzhàng　　　　　　hitch; breakdown
20. 传输　　　　（动）　　　chuánshū　　　　　 transmit
21. 定点　　　　（动、名）　dìngdiǎn　　　　　 fixed position

专　名

西昌　　　　　　　　　　　Xīchāng　　　　　　地名
　　　　　　　　　　　　　　　　　　　　　　　name of a place

练 习

一、画线连词：

发射　　　　形象　　　　　　研制　　　　太空
进入　　　　考验　　　　　　升入　　　　原因
面临　　　　火箭　　　　　　查清　　　　市场
树立　　　　轨道　　　　　　拓展　　　　卫星

二、指出下列句子的主语（中心词）、谓语动词和宾语（中心词）：

1．我国新研制的"东方红三号"通信卫星在西昌卫星发射中心发射升空。
2．火箭准确地将卫星送入预定转移轨道。
3．由中国空间技术研究院研制的"东三"卫星是我国新一代广播通信卫星。
4．在竞争激烈的国际商用卫星发射市场，中国航天面临着严峻的考验。

三、阅读课文快速寻找信息填空：

1．"东方红三号"卫星发射成功的消息首先出现在文章的_____上。
2．"东方红三号"卫星进入预定轨道的信息在文章的第_____个自然段里可以找到。
3．对于运载火箭性能的介绍，在文章的第_____个自然段里可以找到。
4．在文章的第_____个自然段里，可以读到卫星发射的重大意义。
5．介绍"东方红三号"卫星的作用，主要在文章的第_____个自然段里。

四、选择正确答案：

1．"东方红三号"卫星是什么时候进入轨道的？
　　A　5月12日零点41分
　　B　5月12日零点17分
2．"长征三号甲"运载火箭发射什么样的卫星？
　　A　只发射地球同步轨道卫星
　　B　发射各种轨道卫星
3．"长征三号甲"运载火箭为谁发射卫星？
　　A　只为中国
　　B　中国和外国
4．我国自行研制过几颗"东方红三号"卫星？
　　A　两颗
　　B　一颗
5．这次发射成功的"东方红三号"卫星是一颗什么性质的卫星？
　　A　通信卫星
　　B　气象卫星

五、快速阅读：

长征三号乙运载火箭重新亮相

据新华社北京7月29日电　（记者徐殿龙）我国自行研制的大推力运载火箭长征三号乙日前竖立在西昌卫星发射中心发射台上。这是自去年2月15日长三乙火箭首飞失利后的重新亮相。

91

记者从有关方面获悉,这枚火箭6月20日运抵西昌卫星发射中心,将用于发射菲律宾马部海通信卫星。火箭完成与卫星对接的有关工作之后,将于8月10日至12日择机发射。另一枚用于发射香港亚太卫星通信公司亚太2R通信卫星的同一型号火箭,也已经完成总装待运,按原定计划将在9月份进行发射。

选自1997年7月30日《中国青年报》

阅读（一）

神秘航城敞大门　戈壁滩上添新景

酒泉卫星发射中心将向国内外开放

新华社酒泉10月6日电 （记者李秀清、通讯员韩奇） 在瑞星发射现场,酒泉卫星发射中心主任李元正对记者说,他们将进一步向国内外开放,欢迎更多的国内外客人来这里进行技术交流和合作,来大漠航天城观光旅游。

据介绍,酒泉卫星发射中心从1958年开始建设,经过34年的努力,不仅成为各项设施完善的航天城,而且开创了中国航天史上的"八个第一":成功发射了第一枚导弹和火箭、第一枚导弹核武器、第一颗地球人造卫星、第一颗返回式卫星,胜利地实现了第一次太平洋发射、第一次"一箭多星"、第一次为国外提供搭载服务。至这次成功发射瑞典卫星为止,我国已成功发射的35颗卫星中,有24颗卫星是由这里发射的,其所发射的返回式卫星的回收率为百分之百,被称为世界航天史的奇迹。

李元正说,在过去,我们这个地图上无任何标志的地方是严格保密的。在改革开放的年代,这块神秘的国土向世界敞开了门户。至今除在这里的瑞典等国的朋友外,已有美、日、法、德、澳等10多个国家的官员和航天专家来这里参观和洽谈合作业务。

谈到进一步对外开放的打算时,李元正说,近两年,这里对多种技术设备设施进行了改造和更新,新电厂正在安装,花园式游乐园已经开工,现代化综合体育场已经建成,新宾馆、卡拉OK音乐厅已开始营业。不久这里要将内部使用的铁路改线,直通世界名城酒泉、嘉峪关。再配备上其他交通、通信、服务等设施,我们航天城将与古丝绸之路更紧密地联成一线,国内外的旅游者可直接从酒泉穿过昔日神秘的戈壁沙漠来观看卫星发射,来浏览漠地风光。

选自1996年10月7日《人民日报》

生　词

1. 大漠	（名）	dàmò		wilderness
2. 航天城	（名）	hángtiānchéng		spaceflight town
3. 观光	（动）	guānguāng		go sightseeing

4. 导弹	（名）	dǎodàn	guided missile
5. 核武器	（名）	héwǔqì	nuclear weapon
6. 人造卫星		rénzào wèixīng	man-made satellite
7. 搭载	（动）	dāzài	extra carry
8. 回收率	（名）	huíshōulǜ	rate of recovery
9. 奇迹	（名）	qíjī	miracle
10. 保密		bǎo mì	keep secret
11. 神秘	（形）	shénmì	mysterious
12. 敞开	（动）	chǎngkāi	open wide
13. 卡拉OK	（名）	kǎlā'ōukèi	karaoke
14. 浏览	（动）	liúlǎn	glance over

专　　名

| 1. 酒泉 | Jiǔquán | 地名 name of a place |
| 2. 嘉峪关 | Jiāyù Guān | 地名 name of a place |

判断正误

1．酒泉卫星发射中心曾经开创过中国航天史上的"八个第一"。（　　）
2．酒泉卫星发射中心已为我国成功地发射了35颗卫星。（　　）
3．酒泉卫星发射中心所发射的返回式卫星无一失败。（　　）
4．这次瑞星的发射属于酒泉卫星发射中心成功发射的第24颗卫星。（　　）
5．酒泉卫星发射中心建立至今一直欢迎世界各国的航天专家前去参观和洽谈业务。
（　　）
6．这次发射瑞星是中国第一次为国外提供搭载服务。（　　）

阅读（二）

2030年在月球安家

　　月球是目前人类研究最多的天体，但人们对它的许多方面仍一无所知。为了彻底揭开月球神秘的面纱，欧洲航天局提出了旨在建立月球基地的宏伟计划。该计划将分成四个阶段实施。

　　计划第一阶段的任务，是利用现有空间技术，对月球表面各个部分作细致观察、分析。到目前为止，美国、前苏联的宇航员只勘探了月球表面的14%。科学家们打算继续通过火箭、卫星、登月舱、无人驾驶飞船拍摄照片，采集样品，对月球表面作深入的研究。在此基础上，对月球形成史作出科学的论断。

计划第二部分的目标是在不久的将来，对月球资源作一个比较全面、准确的评估。研究人员将利用未来先进的技术，指挥在月球上的机器人，采集月球土壤、岩石标本。运用化学分析和地球物理勘探方法，对样品进行分析，进而确定月球地壳深层结构。

科学家考虑将月球当作天文台，来观测宇宙中其它天体的运动，因为在月球上进行天文观测，不会受到大气、风、地动等因素的干扰，而且月球背面也是接收较短无线电频率的理想地点。

在对月球资源全面认识的基础上，开发、利用这些资源，为人类造福，是计划第三部分的设想。人类要在月球上居住，氧是首先要解决的问题。科学家设想从月球地壳中提取氧，来满足人类的需要。一旦这一尝试获得成功，飞船返回地球的燃料也有了保障。宇航员将试用月球上的土壤和岩石建造房屋。研究人员还将通过长期的生物实验，建立一个人造生态系统，为月球居民们提供食物。

征服月球计划的最终目的，是建立永久性的人类月球基地。科学家们首先要寻求适当途径，使人们能适应与地球迥然不同的月球环境：月球上基本没有大气，重力约为地球的1/6倍，月球上温度变化剧烈，在月球赤道午间温度为127度，夜间最低可达零下183度；其次，科学家们还必须解决成堆的技术难题，比如与地球的通讯联络问题、能源问题及日常生活必需品供给问题等。**编译/季加**

选自1996年2月29日《北京青年报》

生　　词

1. 月球	（名）	yuèqiú	the moon
2. 天体	（名）	tiāntǐ	celestial body
3. 一无所知	（成）	yì wú suǒ zhī	know nothing obout
4. 揭开		Jiē kāi	uncover
5. 面纱	（名）	miànshā	veil
6. 观察	（动）	guānchá	observe
7. 宇航员	（名）	yǔhángyuán	astronaut
8. 登月舱	（名）	dēngyuècāng	space capsule
9. 拍摄	（动）	pāishè	shoot
10. 采集	（动）	cǎijí	collect
11. 样品	（名）	yàngpǐn	specimen; sample
12. 论断	（名）	lùnduàn	inference
13. 评估	（动）	pínggū	assess
14. 机器人	（名）	Jīqìrén	robot
15. 岩石	（名）	yánshí	rock
16. 标本	（名）	biāoběn	specimen
17. 地壳	（名）	dìqiào	the earth's crust
18. 天文台	（名）	tiānwéntái	(astronomical) observatory
19. 背面	（名）	bèimiàn	the back
20. 无线电	（名）	wúxiàndiàn	radio

21. 频率	（名）	pínlǜ	frequency
22. 造福	（动）	zàofú	benefit
23. 尝试	（动）	chángshì	attempt
24. 燃料	（名）	ránliào	fuel
25. 生态	（名）	shēngtài	ecology
26. 迥然不同		jiǒngrán bù tóng	utterly different
27. 重力	（名）	zhònglì	gravity
28. 剧烈	（形）	jùliè	violent
29. 赤道	（名）	chìdào	the equator

回答问题

1. 简要说出欧洲航天局建立月球基地计划中的四个阶段的任务。
2. 人类要在月球上生活，还必须要解决哪些问题？

阅读（三）

长征系列运载火箭达世界水平
已将三十九颗卫星成功送入太空

本报北京10月9日讯 新华社记者奚启新、王建刚，本报记者陈祖甲报道：中国运载火箭技术研究院院长厉建中今天在此间向国际宇航界同行作专题报告时说，中国长征系列运载火箭的主要性能已跨入世界水平，目前还有多种新型号运载火箭正在研制，运载能力基本满足国内外用户的需求。

厉建中说，中国航天创建40年来，运载火箭作为航天事业的重要组成部分，取得了突出成就。截至1995年底，长征系列运载火箭投入使用的有八个型号，共组织了39次发射，36次发射成功，发射成功率达92.3％，把39颗卫星成功地送入太空，其中有八颗是国外卫星。如果把长征系列运载火箭各型号与国外同类型号总体主要性能相比较，在有效载荷比等主要参数方面，长征运载火箭的技术性能已跨入世界水平。其中，长征三号运载火箭是长征火箭家族中第一个采用低温高能燃料推进动力装置的火箭。

厉建中说，正在研制的多种新型号长征运载火箭有："长征一号丁"，可以适应不同用户的要求，用于发射质量为150—1000公斤的近地轨道卫星；"长征二号丙"改进型，可同时发射多颗卫星，并在轨道上实施精确的定位布设，预定明年投入使用；"长征二号E"改进型也已列入研制计划，用于发展1000公里左右的中、低轨道多星发射及轨道定位。此外，还将开展运载能力为20吨级的大型运载火箭的技术研究与关键技术攻关，进行可重复使用的天地往返运输系统的技术开发，以及航天器再入着陆技术和覆盖率大的测控通信技术的研究工作。

选自1996年10月10日《人民日报》

生　　词

1.	宇航界	（名）	yǔhángjiè	astronautics circles
2.	性能	（名）	xìngnéng	property
3.	跨入	（动）	kuàrù	enter
4.	用户	（名）	yònghù	user
5.	创建	（动）	chuàngjiàn	found
6.	参数	（名）	cānshù	parameter
7.	家族	（名）	jiāzú	clan; family
8.	定位	（动、名）	dìngwèi	locate; location
9.	布设	（动）	bùshè	set up
10.	航天器	（名）	hángtiānqì	spacecraft
11.	覆盖率	（名）	fùgàilǜ	coverage

|回答问题|

1. 40年来，中国运载火箭的研制取得了哪些突出成就？
2. 根据厉建中的说法，中国正在研制的多种新型号长征火箭有哪几种？

第十三课

提示：

粮食问题是当今世界面临的最大难题之一。中国以占世界7%的土地养活占世界22%的人口，证明中国能够解决粮食问题，而且将进一步证明，中国不但不会对世界粮食安全构成威胁，还将会对世界粮食发展做出自己的更大的贡献。

课　文

农业部部长刘江在中外记者招待会上说
中国人完全有能力养活自己

本报讯 记者许宝健报道　中国能否实现既定的粮食增产目标？21世纪中国能否养活自己？这个问题成为本次人代会人大代表和中外记者关注的热点。在3月7日两会新闻中心举行的中外记者招待会上，农业部部长刘江着重强调，中国人完全有能力养活自己。

刘江说，怀疑中国人能养活自己的观点并非今天才有。早在新中国成立前夕，当时的一位美国著名人士就曾预言：中国每一届政府都将无法解决中国人的吃饭问题。40多年的历史证明，中国用占世界7%的耕地养活了占世界22%的人口，目前正在向小康目标迈进，这一事实宣告了美国人预言的破产。

刘江坚信中国能够实现自己的粮食增产目标。他说，到2030年，我国人口达到16亿峰值时，预计需要粮食6亿多吨。按照这个目标，今后35年间平均每年粮食产量增加近40亿公斤，年递增不到1%就可以实现，而建国46年来，我国每年平均增产粮食近80亿公斤，年递增3%。

刘江同时也指出，实现粮食增产目标的难度是相当大的，不能盲目乐观，那种认为只要采取一二项措施就可以大幅度增产粮食，轻而易举地解决中国的粮食问题的观点，是不切实际的。既要看到未来增产粮食的潜力和光明前景，又要看到实现目标的艰巨性。

为了确保实现粮食增产目标，刘江强调要采取几条硬措施：一是严格保护耕地，有计划地开发利用后备资源；二是努力改善生产条件，大力改造中低产田，充分挖掘现有耕地资源的潜力；三是实施科教兴农战略，大幅度提高科技在农业增长中的贡献率;四是加快发展农用工业,提高农业的装备水平;五是调整生产结构,正确引导消费;六是按照建立社会主义市场经济体制的要求,进一步深化农村改革,保护和调动农民的生产积极性。

刘江说,中国能实现既定的粮食增产目标,更为重要的原因是,全党全国高度重视农业,确立了把加强农业放在发展国民经济首位,立足国内基本解决粮食供给的方针。

选自 1996 年 3 月 8 日《经济日报》

生　词

1. 热点　　　（名）　　rèdiǎn　　　hot issue; issue arousing general interest

  在一段时间里人们普遍关注和感兴趣的问题。

2. 两会　　　　　　　　liǎng huì　　National People's Congress and Chinese People's Political Consultative Conference

  特指全国人民代表大会和中国人民政治协商会议。

3. 粮食　　　（名）　　liángshi　　　grain
4. 增产　　　　　　　　zēng chǎn　　increase production
5. 养活　　　（动）　　yǎnghuo　　　support
6. 着重　　　（动）　　zhuózhòng　　stress
7. 怀疑　　　（动）　　huáiyí　　　　doubt
8. 观点　　　（名）　　guāndiǎn　　　point of view
9. 人士　　　（名）　　rénshì　　　　personage
10. 预言　　（动、名）　yùyán　　　　foretell; prediction
11. 递增　　　（动）　　dìzēng　　　　increase progressively

  一次比一次增加。

12. 难度　　　（名）　　nándù　　　　degree of difficulty
13. 盲目乐观　　　　　　mángmù lèguān　be unrealistically optimistic
14. 积极性　　（名）　　jījíxìng　　　enthusiasm
15. 重视　　　（动）　　zhòngshì　　　attach importance to
16. 首位　　　（名）　　shǒuwèi　　　the first place
17. 立足　　　（动）　　lìzú　　　　　have a foothold somewhere
18. 供给　　　（动）　　gōngjǐ　　　　provide

专　名

农业部　　　　　　Nóngyèbù　　　机关名
　　　　　　　　　　　　　　　　　Ministry of Agriculture

练 习

一、画线连词：

解决	光明	调动	耕地
看到	粮食	实施	潜力
养活	问题	挖掘	战略
增产	全家	保护	积极性

二、选择句中画线词语的正确解释：

1. 这个问题成为本次人代会<u>人大</u>代表和中外记者关注的热点。
   - A 人民大会堂
   - B 全国人民代表大会
   - C 人民大学
   - D 人民大众

2. 为了确保实现粮食增产目标,刘江强调要采取几条<u>硬措施</u>。
   - A 十分灵活的策略
   - B 政府颁布的法令
   - C 强制有效的手段
   - D 充足的农业资金

3. 实施<u>科教兴农</u>战略,大幅度提高科技在农业增长中的贡献率。
   - A 用科学教育农民
   - B 用发展科学和教育来振兴农业
   - C 让农民获得更多的科学教育知识
   - D 科技、教学和农业

4. 到2030年,我国人口达到16亿<u>峰值</u>时,预计需要粮食6亿多吨。
   - A 人口数量达到了最高点,以后将逐年下降
   - B 人口众多,像无数的山峰
   - C 人口出生率较高
   - D 人口出生率最高的时候

三、针对所给内容回答问题：

1. 中国能否实现既定的粮食增产目标?21世纪中国能否养活自己?这个问题成为本次人代会人大代表和中外记者关注的热点。

   问:什么是本次人代会人大代表和中外记者关注的热点?

2. 早在新中国成立前夕,当时的一位美国著名人士就曾预言:中国每一届政府都将无法解决中国人的吃饭问题。40多年的历史证明,中国用占世界7%的耕地养活了占世界22%的人口,目前正在向小康目标迈进,这一事实宣告了美国人预言的破产。

   问:宣告美国人预言破产的事实是什么?

3. 实现粮食增产目标的难度是相当大的,不能盲目乐观,那种认为只要采取一二项措施就可以大幅度增产粮食,轻而易举地解决中国的粮食问题的观点,是不切实际的。既要看到未来增产粮食的潜力和光明前景,又要看到实现目标的艰巨性。

   问:在实现粮食增产目标的认识上正确的观点是什么?

4. 中国能实现既定的粮食增产目标,更为重要的原因是全党全国高度重视农业,确立了把加强农业放在发展国民经济首位,立足国内基本解决粮食供给的方针。

   问:中国能够实现既定的粮食增产目标,更重要的原因是什么?

四、选择正确答案：
 1. 怀疑中国人能否养活自己的观点
    A 今天才有　　　　　　　　C 从未有过
    B 过去有过　　　　　　　　D 过去和现在都有
 2. 中国实现粮食增产目标
    A 轻而易举　　　　　　　　C 不大可能
    B 十分艰巨　　　　　　　　D 有些难度
 3. 中国能够实现粮食增产目标有以下最重要的原因，指出其中不正确的一项：
    A 全党全国高度重视农业　　C 国家将大量地进口粮食
    B 自力更生地解决农业问题　D 把加强农业放在发展经济的首位
 4. 农业部长刘江讲话的目的是
    A 赞扬中国农业取得的巨大成就　C 强调中国有能力养活自己的决心和实力
    B 强调中国发展农业对世界的贡献　D 强调中国实现粮食增产目标的难度很大

五、快速阅读：

国际社会关注中国农业

从世界范围来说，中国的农业问题不仅是中国的，也是世界的。虽然世界上没有人能够养活中国，中国政府和人民也完全有信心和能力独立自主地解决自己的吃饭穿衣问题，但随着世界经济一体化进程的加快，国家与国家、地区与地区之间经济互补性和依赖性增强，中国农业的全球性制衡作用必将越来越大，对国际粮食市场的价格影响也会越来越明显。可以说，未来世界，没有任何一个国家的农业会像中国这样对世界经济如此重要。因而，从某种意义上说，国际社会关注中国的农业实际上也是关注自身的生存与发展。

选自1996年4月26日《人民日报》（海外版）

阅读（一）

不怕荒山秃岭　就怕人穷志短
白家兄弟变荒地为财富

本报讯　记者安洋报道：两年前高家山上那片曾因荒山秃岭被遗弃的2000亩撂荒地，如今却变成一个初现现代化气息的农庄。当地青年农民白汝麟、白太贵兄弟俩，经过一年多的艰苦创业，使这片撂荒地财源滚滚。

白家两兄弟是甘肃省西峰市芋子沟圈村人，曾上学、做工数年，见多识广。圈村高家山2000多亩地被村人遗弃，终年荒芜，无人涉足。他们思虑再三，"社会越发展，土地越金贵，舍弃土地等饭吃，越等越穷。不怕荒山秃岭，只怕人穷志短"。1994年底，他们用所有的积蓄换得了这片撂荒地的经营权。兄弟俩披星戴月，修通了盘山公路，架设了2.5公里的线路，铺设水管1100米，修水池3座，平田整地80多亩，建日光温室5亩，果窖2座，种植经济作物150亩，粮食100亩，养鸡2000只，养羊200只。由于他们的科学管理和经营，不到两年时间，"拿到手的收入已有15万元"。今年一过"破五"，他们又着手兴建苹果园、葡萄园、杏园和养牛场。一座水、电、路三通,林、果、木、种、养、加齐全的新农庄已具雏形。

他们创业的另一结果是,将新观念、新技术、开拓进取精神引进了这个贫困落后的小山村。他们的养殖场、加工场、日光蔬菜温室成为当地农民开眼界、学技术的实验场。

选自1996年3月27日《人民日报》

生　词

1. 荒山秃岭		huāngshān tūlǐng	barren hills
2. 遗弃	(动)	yíqì	abandon
3. 气息	(名)	qìxī	flavour
4. 农庄	(名)	nóngzhuāng	village
5. 荒芜	(形)	huāngwú	go out of cultivation
6. 涉足	(动)	shèzú	set foot in
7. 披星戴月	(成)	pī xīng dài yuè	under the canopy of the moon and the stars — work from before dawn till after dark
8. 线路	(名)	xiànlù	circuit
9. 思虑	(动)	sīlǜ	consider carefully
10. 果窖	(名)	guǒjiào	fruit cellar
11. 经济作物		jīngjì zuòwù	industrial crop
12. 雏形	(名)	chúxíng	embryonic form
13. 养殖场	(名)	yǎngzhíchǎng	farm
14. 温室	(名)	wēnshì	green-house

专　名

1. 甘肃省	Gānsù Shěng	省名 name of a province
2. 西峰市	Xīfēng Shì	城市名 name of a city
3. 芋子沟圈村	Yùzigōu quān Cūn	村名 name of a village

判断正误

1. 青年农民白家两兄弟所经营的农庄两年前还是一片荒山秃岭。(　　)
2. 白家两兄弟尽管没上过学,但经验却十分丰富。(　　)
3. 两兄弟认为,宁可人穷志短也不能舍弃土地。(　　)
4. 1994年底,兄弟俩用部分积蓄买下了土地的所有权。(　　)
5. 经过两年的艰苦奋斗,白家兄弟俩把一片荒地建成了完全现代化的农庄。(　　)
6. 白家两兄弟的艰苦创业精神使贫困落后的小山村获得了新生。(　　)

阅读（二）

中国人能养活自己

21世纪，中国的人口总数将达到16亿，如何填饱16亿张嘴，这不仅关系到中国人民的幸福，甚至影响到世界的稳定。中国的农业专家坚定地向中国人民、向世界宣告：只要政策对路，投资到位，中国的农业资源和中国农民的勤劳程度养活16亿中国人是没有问题的。从1984年人均粮食占有量达到400千克后，中国人早已超过温饱线。尽管中间有过反复，但1996年粮食收成达4.8亿吨以上，今年的夏粮大丰收，都再次证明，中国的农产品供求基本平衡。到本世纪末，粮食产量达到5亿吨应该是没有问题的。

近几年来，我们在土地面积没有扩大的情况下，粮食产量的增长完全建立在科技的基础上。从耕地面积上看，1978年到1993年耕地面积减少了4238千公顷，中国现有耕地面积94975.12千公顷，人均耕地0.08公顷（1994年统计数字），这个数字仍有下降的趋势。要解决好土地面积减少与增加粮食产量这一对儿矛盾，根本出路在于高科技。本世纪五六十年代，全球掀起了一场影响深远的"绿色革命"。而21世纪，农业的发展将建立在高科技的基础上。

生物工程，自从它诞生以来，就吸引着世人。它以高投入、高风险、高回报当之无愧地被称为高科技。而生物工程在农业方面的研究与运用，将决定着未来农业的发展方向，这决不是危言。世界各国都在加大这方面的投入。美国每年的投资高达几百亿美元。去年9月，江泽民总书记在国家星火计划工作会议上讲话时指出：中国农业问题要靠中国人自己解决，农业科技必须有大的发展，必然要来一次农业革命。推进新的农业革命就必须依靠高科技。国家的一项计划中涉及农业高科技的项目就有200项，每年投入的经费达5000万元，生物工程的发展在某些领域已经达到甚至超过世界水平，有些试验成果正在走向实用化。

■ 文／牛金荣／王峰

节选自1997年8月21日《北京青年报》

生　词

1. 填饱　　　　　　tián bǎo　　　　　supply
2. 稳定　（形）　　wěndìng　　　　　steady
3. 坚定　（形）　　jiāndìng　　　　　firm
4. 宣告　（动）　　xuāngào　　　　　declare
5. 对路　（形）　　duìlù　　　　　　satisfy the need
6. 到位　　　　　　dào wèi　　　　　achieve the goal
7. 资源　（名）　　zīyuán　　　　　　resources
8. 占有量（名）　　zhànyǒuliàng　　occupation

9. 千克	（量）	qiānkè	kilogram
10. 反复	（动）	fǎnfù	relapse
11. 夏粮	（名）	xiàliáng	summer grain crops
12. 供求	（名）	gōngqiú	supply and demand
13. 生物工程		shēngwù gōngchéng	bioengineering
14. 世人	（名）	shìrén	common people
15. 当之无愧	（成）	dāng zhī wú kuì	be worthy of
16. 危言		wēi yán	overstating
17. 星火计划		xīnghuǒ jìhuà	"spark" plan—agriculture developpment plan

回答问题

1. 按照中国农业专家的观点，下世纪中国要养活16亿人口的条件是什么？
2. 中国的耕地面积与粮食增产之间有什么矛盾？如何解决这个矛盾？
3. 专家们认为，决定未来农业发展方向的是什么？

阅读（三）

姜春云在中国农业发展国际研讨会上说
投资中国农业前景广阔

本报讯 记者张子臣报道 4月19日，我国农业对外开放的盛会——中国农业发展国际研讨会暨投资与贸易洽谈会在京召开。国务院副总理姜春云在讲话中指出，扩大农业对外开放，加强农业对外经济技术合作，是加快我国农业发展的一项重大措施。中国农业投资与贸易具有广阔的前景。

姜春云说，"九五"期间，中国农业发展面临着两大任务：一是保证粮棉油等基本农产品稳定增长，到2000年，粮食产量达到4.9—5亿吨；二是保证农民收入有较快的增长，农民生活达到小康水平，基本消除贫困现象，解决农村6500万贫困人口的温饱问题。实现上述目标，任务非常艰巨。最大的制约因素是人口增加，耕地减少，水资源短缺。如何合理开发、有效利用和切实保护农业资源，实现农业的可持续发展，是中国农业和农村发展的重要任务。

在谈到我国农业发展的有利条件时，姜春云说，中国农业发展的潜力是巨大的，面临着良好机遇。我国现有耕地的2/3是中低产田，提高单产水平的潜力很大。还有大量宜农荒地、内陆水域和沿海滩涂可开发利用，都可形成新的生产能力。

姜春云强调，目前，中国的对外开放已由沿海扩展到内地，由一般加工业扩展到农业等基础产业，初步形成全方位、多层次、多形式的对外开放格局。我们将进一步开放国内市场，优化投资与贸易环境，欢迎各国朋友和侨胞通过投资和其它形式的合作，参与中国农业的开发建设，寻求共同发展。

此次活动由农业部、国家计委、国家体改委联合举办。

选自1996年4月20日《经济日报》

生　　词

1. 盛会　　（名）　　shènghuì　　　　grand meeting
2. 洽谈会　（名）　　qiàtánhuì　　　　negotiation
3. 措施　　（名）　　cuòshī　　　　　measure
4. 消除　　（动）　　xiāochú　　　　 eliminate
5. 贫困　　（形）　　pínkùn　　　　　poor
6. 短缺　　（动）　　duǎnquē　　　　short of
7. 单产　　（名）　　dānchǎn　　　　per unit area yield
8. 荒地　　（名）　　huāngdì　　　　 wasteland
9. 内陆　　（名）　　nèilù　　　　　 inland
10. 水域　　（名）　　shuǐyù　　　　　waters
11. 滩涂　　（名）　　tāntú　　　　　 beach; sands

专　　名

国家体改委　　　　Guójiā Tǐgǎiwěi　　　　机关名
　　　　　　　　　　　　　　　　　　　　State Commission for Economic Re-structuring

回答问题

1. 加快我国农业发展的一项重大措施是什么？
2. "九五"期间，中国农业面临的两大任务是什么？
3. 两大任务要实现，最大的制约因素是什么？

第十四课

> **提示:**
> 我国各地政府把解决城镇居民的吃菜问题当做一项重大的工程来抓,投入了大量的人力和物力,出台了相应的政策和法规。经过多年努力,基本解决了城镇居民吃菜难问题,出现一年四季新鲜蔬菜不断、鸡鸭鱼肉蛋供应充足的可喜局面。

课 文

十年菜篮子 十年市场化
肉禽蛋菜鱼达到或超过世界人均水平

本报讯 记者张子臣报道 由农业部提出、经国务院批准在全国组织实施的菜篮子工程,取得了巨大的经济和社会效益。农业部副部长齐景发日前在介绍菜篮子工程建设10周年时说,目前全国蔬菜、肉类、禽蛋、奶类、水产品、水果等6种菜篮子产品的产值,已占整个农业产值的52%左右,除奶类、水果外,人均占有量达到或超过世界平均水平。菜篮子工程成就可概括为下列四个方面。

第一,从根本上扭转了我国副食品供应长期短缺的局面。与1987年相比,1997年,我国肉类产品总产量达到6200万吨,年平均递增速度达到10.8%;禽蛋总产量达到2100万吨,年均递增13.5%;奶类产品总产量达到810万吨,年均递增7.9%;水产品总产量达到3600万吨,年均递增12.4%;蔬菜总产量3.13亿吨,年均递增7.2%;水果总产量达5000万吨,年均递增11.6%。1997年,全国人均占有肉类产品50.2公斤、禽蛋17公斤、奶类产品6.6公斤、水产品29公斤、蔬菜253公斤、水果40.4公斤,除奶类与水果外,其余菜篮子产品的人均占有量都已达到或超过了世界人均水平。

第二,基本建立起了市场化的运行机制。经过近10年的探索,目前,全国菜篮子产品的产销运行实现了市场化,初步形成了以市场为导向、多种经济成分共同发展的大生产、大市场、大流通的格局。

第三,菜篮子产品规模化、专业化生产迅速发展,在部分地区成为农村经济支柱产业和农民增收的主要来源。

第四,菜篮子产品价格涨幅明显回落,有效地抑制了通货膨胀。近年来,菜篮子产品供给状况的改善,为实现宏观调控目标,缓解国民经济运行中的通货膨胀压力,发挥了重要作用。

选自 1998 年 1 月 6 日《经济日报》

生　　词

1.	菜篮子		càilánzi	food supply

原指买菜用的篮子,现喻指副食品供应。

2.	市场化	(动)	shìchǎnghuà	market-oriented
3.	批准	(动)	pīzhǔn	approve
4.	蔬菜	(名)	shūcài	vegetable
5.	水产品	(名)	shuǐchǎnpǐn	aquatic product
6.	产值	(名)	chǎnzhí	value of output
7.	概括	(动)	gàikuò	summarize
8.	扭转	(动)	niǔzhuǎn	turn round
9.	副食品	(名)	fùshípǐn	non-staple food
10.	供应	(动)	gōngyìng	supply
11.	年均	(名)	niánjūn	annual average

每年平均。

12.	运行	(动)	yùnxíng	operate; function
13.	产销	(动)	chǎnxiāo	produce and sell

指生产与销售。

14.	导向	(动、名)	dǎoxiàng	guide; guidance

指向某个方向或方面发展;引导方向。

15.	来源	(名)	láiyuán	source
16.	涨幅	(名)	zhǎngfú	the level of increase
17.	回落	(动)	huíluò	fall after a rise
18.	通货膨胀	(名)	tōnghuò péngzhàng	inflation

专　　名

	国务院	(名)	Guówùyuàn	the State Council

练 习

一、画线连词：

扭转　　　草案　　　　　　组织　　　经验
达到　　　膨胀　　　　　　实现　　　生产
批准　　　目的　　　　　　超过　　　目标
抑制　　　局面　　　　　　介绍　　　期限

二、选词填空：

短缺　　回落　　增收　　格局　　效益　　产值

1. 我国的菜篮子工程取得了巨大的经济和社会_____。
2. 目前全国蔬菜、肉类、禽蛋、奶类、水产品、水果等6种菜篮子产品的_____已占整个农业产值的52%左右。
3. 菜篮子工程初步形成了以市场为导向、各种经济成分共同发展的大生产、大市场、大流通的_____。
4. 菜篮子工程从根本上扭转了我国副食品供应长期_____的局面。
5. 菜篮子产品的生产已成为部分地区农民_____的主要来源。
6. 菜篮子产品价格涨幅明显_____，有效地抑制了通货膨胀。

三、请写出文章2、3、5自然段的主题句：

2. _____。
3. _____。
5. _____。

四、选择正确答案：

1. 10年前,我国副食品供应状况曾经是
   A 供大于求　　　　C 长期短缺
   B 供需平衡　　　　D 有些困难
2. 1997年,我国的人均占有量还未达到世界平均水平的菜篮子产品有
   A 水产品和奶类　　C 肉类和蔬菜类
   B 水果和奶类　　　D 禽蛋和水果
3. 1997年,我国的菜篮子产品年递增速度达10%以上的有
   A 肉类、禽蛋、奶类、蔬菜类　　C 肉类、禽蛋、水果、奶类
   B 肉类、禽蛋、水果、水产品　　D 肉类、水产品、蔬菜、奶类
4. 关于菜篮子工程的成就,文章没有谈到
   A 副食品供应　　　C 运行机制
   B 产品价格　　　　D 出口创汇

五、快速阅读：

农业部提供副食市场近况　上半年肉禽蛋奶鱼菜增产

本报讯　记者张子臣报道　农业部提供的最新情况表明,今年上半年我国肉禽蛋奶鱼和蔬菜全面增产,全国副食品市场一直保持购销两旺的势头。"菜篮子"产品价格涨幅进一

步回落,对稳定物价发挥了重要作用。

据介绍,1—6月份,肉、禽蛋、奶产量分别比上年同期增长5%、8%、8%,今年头5个月水产品增产13%。蔬菜面积产量稳中有升,反季节蔬菜增长量更大。一季度上述产品城乡集贸市场成交量增24.6%。1至4月份食品类价格比上年同期增2.1%,涨幅比同期居民消费价格涨幅低2.6个百分点。

选自1997年6月26日《经济日报》

阅读（一）

北京黎明贩菜人

白丽

"民可一日无肉,不可一日无菜"已日渐成为北京人的饮食习惯,北京目前蔬菜的年销量已达30亿公斤。在蔬菜产供销各个环节的服务中,贩运商们的贡献是很大的。每当人们进入梦乡时,他们就要悄然起身,而当城市醒来的时候,他们会将最鲜嫩的蔬菜送至北京大小市场。他们年复一年、日复一日地劳作,已成为北京市民赖以生活甚至不可缺少的一部分。

新婚的甜蜜生活,没能把菜贩小韦留在家里。1996年12月18日凌晨3时,同往常一样他准时起了床,同姐夫一起驾车赶往北京海淀大钟寺蔬菜批发市场。

两年前,小韦同姐夫合作,开始贩菜生涯。无论是盛夏,还是寒冬,每天凌晨3时之前,他们必须赶在早上8时30分开市之前,将一车车的蔬菜、海鲜送至家乐福超级市场。

3时20分,小韦的车到达大钟寺。这个钟点,他们早已不是捷足领先者,近100平方米的广场密密地排满了贩菜的大小车辆。菜贩们有的和衣偎在车上,有的边走动边不停地往嘴里灌白酒借以驱寒。在交易大厅内,依次停放着来自全国各地的蔬菜车辆。30多个品种的蔬菜把2万多平方米的交易大厅挤得像个五彩的大世界。

近几年,北京蔬菜的销量逐年上升,而这其中近一半要靠全国各地供给。为了让北京人吃上最新鲜的蔬菜,外地的菜贩们几乎都是日夜兼程,连续作战,甚至两天的贩运途中不敢停下来吃一顿热饭。

4时左右,大厅内开始忙碌起来,卖菜的人睁着熬得通红的双眼不停地喊,买菜的人穿梭于大小车辆之间仔细地挑,吆喝声与秤砣的碰撞声很快地响成一片。不到6时,交易已达到高潮。人挤人,筐碰筐,一辆接一辆满载蔬菜的平板车从里奋力往外拉,把本来就不宽敞的道路挤得结结实实。

天泛亮的时候,一些菜贩已采购完毕,他们最后用棉被将菜车严严实实地盖好,然后开始散去,从这里散向北京城的四面八方。

这一天,大钟寺蔬菜交易量是189万公斤,客流量约2万人次。8时10分,小韦的车驶进家乐福超级市场。20分钟后,1500公斤蔬菜、海鲜整整齐齐地摆上市场的货架,当即,小韦马不停蹄又转回大钟寺批发市场。

选自1997年1月3日《人民日报》(海外版)

108

生 词

1. 销量	（名）	xiāoliàng	sales volume
2. 贩运商	（名）	fànyùnshāng	trader
3. 劳作	（名）	láozuò	work
4. 姐夫	（名）	jiěfu	brother-in-law
5. 批发市场		pīfā shìchǎng	wholesale market
6. 生涯	（名）	shēngyá	career
7. 盛夏	（名）	shèngxià	midsummer
8. 寒冬	（名）	hándōng	cold winter
9. 凌晨	（名）	língchén	before dawn
10. 海鲜	（名）	hǎixiān	seafood
11. 驱寒		qū hán	take precautions against cold
12. 五彩	（名）	wǔcǎi	colorful
13. 日夜兼程		rìyè jiānchéng	travel day and night
14. 忙碌	（形）	mánglù	busy
15. 穿梭	（动）	chuānsuō	shuttle back and forth
16. 秤砣	（名）	chèngtuó	the sliding weight of a steelyard
17. 平板车	（名）	píngbǎnchē	a flatbed cart
18. 奋力	（副）	fènlì	do all one can
19. 宽敞	（形）	kuānchang	spacious
20. 泛亮		fàn liàng	dawn
21. 采购	（动）	cǎigòu	purchase
22. 货架	（名）	huòjià	goods shelves
23. 马不停蹄	（成）	mǎ bù tíng tí	a horse galloping — without a stop

专 名

1. 大钟寺		Dàzhōngsì	地名 name of a place
2. 家乐福		Jiālèfú	超级市场名 name of a super market

判断正误

1. 现在北京人的饮食习惯是：可以一天不吃菜，但是不可以一天没有肉。（   ）
2. 菜贩们为北京市民的吃菜做出了重要贡献。（   ）
3. 小韦每天凌晨第一个赶到大钟寺。（   ）
4. 北京人吃的新鲜蔬菜主要靠外地供给。（   ）
5. 外地的菜贩们，在两天的贩运进京途中，连一顿饭都吃不上。（   ）

6. 大钟寺的蔬菜来自全国各地。（　　）
7. 清晨六点，大钟寺蔬菜批发市场进入了最繁忙的时刻。（　　）
8. 清晨，一些菜贩还带着棉被去大钟寺贩菜，以防身体感冒。（　　）

阅读（二）

菜篮子"年年有鱼"

张玉玲

农业部渔业局发布的渔业形势表明，今年上半年我国水产品产量持续增长，到 5 月底已达 912 万吨，比去年同期增加 93 万吨，增长 11.3%。在价格上，1—5 月份全国居民消费价格指数比上年同期增长 4.3%，肉禽及其制品增长 9.5%，而水产品增长仅为 2%，涨幅相对较低。水产品被誉为"健康食品"、"聪明食品"，味美可口、营养价值高，再加上"量大价低"，可谓价廉物美了。因而，市民们购买的水产品也就多了。80 年代，我国人均年消费水产品仅为 4.4 公斤，目前我国人均水产品消费量为 20.5 公斤，超过世界 19.6 公斤的平均水平。

从前，鱼虾对大多数中国人来说是一种难得的奢侈品，是逢年过节的"压台菜"。现在，不仅冬天也有活蹦乱跳的水产品，而且有的价格比肉还低。福州、广州、上海、北京、天津、武汉、大连是水产品的主要消费区和集散地。据统计，福州水产品人均年消费达 48.8 公斤，居全国之最；广州次之，为 41.6 公斤。

从城乡居民消费水产品的构成上看，带鱼、黄花鱼、对虾、海带、海参、鲤鱼、鲢鱼和草鱼是菜篮子中的常见品。鲤鱼、甲鱼、河蟹等名特优水产品现在也已"飞入寻常百姓家"。市民们还能品尝到来自世界各大洋的美味水产：小虾、对虾、蟹、墨鱼、鱿鱼等。

市民菜篮子中的水产品由稀少到充盈，由单一到丰富的变化，其根本原因是我国渔业突飞猛进的发展。

农业部的"大粮食"观中提出食物应多样化，把渔业和粮食生产紧密地联系在一起，将鱼虾等水产品视为"优质粮食"，是粮食供应的重要组成部分。从 1990 年起，我国水产品产量跃居世界首位，产量占全球总产量的四分之一，是世界第一渔业生产大国和第一水产养殖大国。

农业部部长刘江指出："消费水产品的数量是大幅度增加了，现在要注意提高水产品的质量。"要提高水产品的加工水平，重点发展淡水鱼、海水中上层鱼等，开发多样化的营养、卫生、食用方便的高质水产品，使城乡居民菜篮子不仅"年年有鱼"，还要"年年有好鱼"。

选自 1997 年 8 月 4 日《光明日报》

生　　词

1. 渔业　　　（名）　yúyè　　　fishery
2. 指数　　　（名）　zhǐshù　　index

3. 誉	（名）	yù	praise
4. 价廉物美	（成）	jià lián wù měi	inexpensive but elegant
5. 奢侈品	（名）	shēchǐpǐn	luxury goods
6. 压台菜	（名）	yātáicài	main dishes
7. 活蹦乱跳	（成）	huó bèng luàn tiào	skip and jump about
8. 带鱼	（名）	dàiyú	hairtail
9. 黄花鱼	（名）	huánghuāyú	yellow croaker
10. 对虾	（名）	duìxiā	prawn
11. 海带	（名）	hǎidài	kelp
12. 海参	（名）	hǎishēn	sea slug
13. 鲤鱼	（名）	lǐyú	carp
14. 鲢鱼	（名）	liányú	silver carp
15. 草鱼	（名）	cǎoyú	grass carp
16. 鳗鱼	（名）	mányú	eel
17. 甲鱼	（名）	jiǎyú	soft-shelled turtle
18. 河蟹	（名）	héxiè	river crab
19. 名特优		míng tè yōu	famous, special and excellent
20. 品尝	（动）	pǐncháng	taste
21. 墨鱼	（名）	mòyú	inkfish
22. 鱿鱼	（名）	yóuyú	squid
23. 稀少	（形）	xīshǎo	rare
24. 充盈	（形）	chōngyíng	plentiful
25. 养殖	（动）	yǎngzhí	breed (aquatics)
26. 淡水鱼	（名）	dànshuǐyú	freshwater fish

> 回答问题

1. 市民在水产品的消费上过去和现在有些什么不同？
2. 使市民"菜篮子"中的水产品发生深刻变化的根本原因是什么？
3. 我国水产品的产量在世界上的地位如何？

阅读（三）

以"大生产、大流通"作为新一轮建设重点
"菜篮子工程"将加快建设

本报宁波电 记者张子臣报道　记者从在浙江宁波市召开的全国"菜篮子工程"建设座谈会上获悉，实行"菜篮子"市长负责制以来，各类农产品继续稳定增长，市场供应稳定，购销两旺。菜篮子产品价格涨幅逐步回落，成了平抑物价天平上的关键

天平上的关键砝码。会议强调,要加快建设新一轮"菜篮子工程"。

1995年以来,由于各地采取得力措施,全国菜篮子产品生产取得了五方面进展:

——各大中城市加快了蔬菜等副食品生产基地的调整外移和扩建工作,加大了区域化、规模化、设施化、产业化力度。比如,北京新增菜田15万亩、新增生猪生产能力50万头。上海蔬菜上市量增加10%。

——农区基地扩大。山东省年增蔬菜面积148万亩,河北省成了供应京津的重要菜源,安徽省精细菜远销上海等19个城市。

——科技含量提高,品种齐全。北方地区推广大棚温室种菜养猪,扭转了长期靠从关内大量调进的局面。

——市场体系建设加快。在扩建一批农产品批发市场的同时,一个多渠道、少环节、高效率的流通网络正在形成。

——产加销、贸工农一体化经营进一步完善。上海市以国有企业和乡镇集体企业为"龙头",分别组建了牛奶及奶制品、肉鸭、肉鸡等贸工农一体化经营体系,促进了生产和出口。

会议根据当前产销格局阶段性变化的特点,提出了以"大生产、大流通"作为中心来构造新一轮"菜篮子工程"的重点,要继续开辟中、远郊基地,并再发展一批全国性、区域性大基地。并要引导农民进入市场和发展加工、运销业,以提高流通效率。

选自1996年7月17日《经济日报》

生　　词

1. 砝码	（名）	fǎmǎ	weight (used on a balance)
2. 轮	（量）	lún	(a measure word)
3. 菜源	（名）	càiyuán	source of vegetables
4. 关内	（名）	guānnèi	inside the Pass
5. 贸工农		mào gōng nóng	trade, industry and agriculture

专　　名

1. 浙江		Zhèjiāng	省名 name of a province
2. 宁波		Níngbō	城市名 name of a city

回答问题

1. 实行"菜篮子"市长负责制以来,全国的"菜篮子"形势如何?
2. 简述1995年以来,全国"菜篮子"产品生产取得了哪些方面的进展?
3. 新一轮"菜篮子工程"建设的重点是什么?

第十五课

提示：
中餐文化以讲究品种丰富、色香味形齐全为世人称道，而中餐宴席更是以追求水平、风度和气派见长，但中餐文化也存在着不足之处。因此，在现代社会里，中餐文化在保持传统优势的同时，在饮食方法、宴会格局等方面都将面临着进一步的改革。

课　文

中餐文化面临变革

朱大明

中餐文化泛指以宴席为主的中华民族饮食文化。了解中餐的人无不称道中国人吃得有水平、有风度并特别的有气派。但随着近年来市场经济的迅速发展和文明层次的提高，对中餐文化也需要来一次变革，中餐必须与现代社会相适应。

人体吸收营养是有限度的。而中餐宴席却由于菜肴一方面讲究营养质的丰富，另一方面强调入口色、香、味的齐全，故使就餐者的营养摄入量往往大大超过人体的吸收能力，造成了大量的营养浪费。有的营养学家指出，一个成年人每天只需 2400 卡热量，70 克蛋白质便可达到营养平衡，按此一桌人只需摄入普通十菜一汤宴席菜肴中营养的百分之二十至四十就满足了。

在卫生习惯方面，中餐宴席讲究合餐制，同坐一桌的男女老少把从口中抽出的筷子再伸进一个个盘子里，容易传播传染病。

在勤俭节约方面，中餐习惯暴饮暴食，浪费很大。据有关人员统计，按中餐宴席投入量算，平均有 20% 至 25% 因吃不完而残留。

既然我国传统的宴席形式存在着很多的不合理、不科学的地方，摆在人们面前的便是中餐宴席如何改革的问题了。笔者认为可从如下几个方面着手：

首先是打破珍品汇一的传统宴席格局。山珍海味数种于一席，必然导致营养的巨大浪费，这就要求广用一般原料并节用珍品，以达到营养成分的配比平衡。

其次是严格限制宴席组合方式。将传统的八盘、十盘等多道菜组合全部改为三菜或四菜一汤。

第三是推行"分食制"饮食方法。不论是"公筷制"、"分餐制"、"份饭制"等都可以。

第四是强调饮食营养的合理平衡。这就需根据热量营养平衡要求制订出明细菜谱供选择,这样便可改变重荤轻素、重动物轻植物的传统习惯。

在改革的同时,保持传统优势。中餐菜历来以品种多、色香味形显功夫见长,即使进行了宴席的改革,每天菜谱的不断更新和对色、香、味、形的要求仍是饮食文化发展的长期追求。

中餐文化作为文化现象,它虽看似简单的请客吃饭,但因融入了千百年来人们的风俗习惯中,要想变革当然不会是一朝一夕能办到的,笔者言来仅一得之见而已。热切希望方方面面关注中餐的变革,逐步形成新观念,树起新风尚。

选自1995年2月11日《经济日报》

生　　词

1.	中餐	(名)	zhōngcān	Chinese meal; Chinese food
2.	泛指	(动)	fànzhǐ	make a general reference
3.	宴席	(名)	yànxí	banquet
4.	称道	(动)	chēngdào	commend
5.	变革	(动)	biàngé	transform
6.	吸收	(动)	xīshōu	absorb
7.	营养	(名)	yíngyǎng	nutrition
8.	限度	(名)	xiàndù	limit
9.	菜肴	(名)	càiyáo	cooked food
10.	就餐	(动)	jiùcān	have a meal
11.	摄入	(动)	shèrù	absorb
12.	卡	(量)	kǎ	calorie
13.	蛋白质	(名)	dànbáizhì	protein
14.	传染病	(名)	chuánrǎnbìng	infectious disease
15.	勤俭	(形)	qínjiǎn	hardworking and thrifty
16.	节约	(动)	jiéyuē	economize
17.	暴饮暴食		bào yǐn bào shí	eat and drink too much at one meal
18.	残留	(动)	cánliú	remain
19.	着手	(动)	zhuóshǒu	set about
20.	珍品汇一		zhēnpǐn huì yī	(exquisite objects) gather together
21.	山珍海味	(成)	shān zhēn hǎi wèi	dainties of every kind

指丰盛的菜肴。

22.	分餐制	(名)	fēncānzhì	eat from own dish instead of from a common dish

指集体进餐时,把饭菜分份儿让人用餐的方法。

23.	菜谱	(名)	càipǔ	menu
24.	一朝一夕	(成)	yì zhāo yì xī	in one morning or evening

一个早晨或一个晚上,指非常短的时间。

25. 方方面面		fāngfāng miànmiàn	different sides
口语词。指各个方面。			
26. 关注	（动）	guānzhù	pay close attention to
27. 风尚	（名）	fēngshàng	prevailing custom
28. 广用		guǎng yòng	be used in many respects
广泛使用。			
29. 一得之见	（成）	yì dé zhī jiàn	my humble opinion
比喻自己的一点浅薄的见解。			

练 习

一、画线连词：

存在　　　　卫生　　　　推行　　　　营养
打破　　　　人数　　　　吸收　　　　浪费
限制　　　　纪录　　　　造成　　　　情况
讲究　　　　问题　　　　了解　　　　变革

二、选择句中画线词语的正确解释：

1. 首先是打破<u>珍品汇一</u>的传统宴席格局。
   A 珍贵礼品堆放在宴席上　　C 宴席上客人可获得珍贵礼品
   B 山珍海味集中在宴席上　　D 宴席中表演精彩的文艺节目
2. 在勤俭节约方面，中餐习惯<u>暴饮暴食</u>，浪费很大。
   A 吃起来狼吞虎咽　　　　　C 用餐时间特别长
   B 无节制地吃和喝　　　　　D 用餐要有酒有肉
3. 无论是"<u>公筷制</u>"、"分餐制"、"份饭制"等都可以。
   A 客人用餐时要自带筷子　　C 客人使用一次性的筷子
   B 客人夹菜要用公共筷子　　D 客人使用多次性消毒筷子
4. 中餐菜历来以品种多、色香味形显功夫<u>见长</u>。
   A 历史悠久　　　　　　　　C 生长得非常快
   B 在某方面显出特色　　　　D 有一定的长度

三、针对所给内容回答问题：

1. 中餐文化泛指以宴席为主的中华民族饮食文化。了解中餐文化的人无不称道中国人吃得有水平、有风度，并特别的有气派。但随着近年来市场经济的迅速发展和文明层次的提高，对中餐文化也需要来一次变革，中餐必须与现代社会相适应。

   问：为什么对中餐文化也需要来一次变革？

2. 人体吸收营养是有限度的。但中餐宴席却由于菜肴一方面讲究营养质的丰富，另一方面强调入口色、香、味的齐全，故使就餐者的营养摄入量往往大大超过了人体的吸收能力，造成了大量的营养浪费。

   问：中餐宴席为什么造成了大量的营养浪费？

3. 在改革的同时，保持传统优势。中餐菜历来以品种多、色香味形显功夫见长，即便进行了宴席的改革,每天菜谱的不断更新和对色、香、味、形的要求仍是饮食文化发展的长期追求。

问:这段话的中心论点是什么?

4. 中餐文化作为文化现象,它虽看似简单的请客吃饭,但因融入了千百年来人们的风俗习惯中,要想变革当然不会是一朝一夕能办到的,笔者言来仅一得之见而已。热切希望方方面面关注中餐的变革,逐步形成新观念,树立起新风尚。

问:为什么中餐文化的改革不是一朝一夕能办到的?

四、选择正确答案:

1. 中餐文化与现代社会不相适应的地方主要表现在
   A 不讲究营养、不讲卫生以及不节约
   B 营养过剩、不重视卫生以及浪费严重
   C 不注重营养平衡、过分讲究卫生以及铺张浪费
   D 非常节约、讲究营养平衡,但不重视卫生习惯

2. 在改革的同时,保持传统优势。这里"传统优势"指的是
   A 珍品汇一   C 讲究吃得有水平、风度和气派
   B 重荤轻素   D 讲究品种多样和色香味形齐全

3. 文章认为中餐改革应从四个方面着手。指出不属于改革范围的一个:
   A 宴席的格局和组合方式   C 用餐者的营养平衡
   B 菜肴的品种和色香味形的齐全 D 用餐者的饮食方法

4. 作者写这篇文章的目的是
   A 赞扬中华饮食文化光辉悠久的历史
   B 呼吁对中餐饮食文化进行必要的改革
   C 强调必须保持中餐文化的传统优势
   D 强调中餐文化的改革是长期的任务

5. 作者写这篇文章的思路是
   A 问题→成绩→怎么办   C 成绩→问题→怎么办
   B 成绩→怎么办→问题   D 怎么办→问题→成绩

五、快速阅读:

主食厨房帮您一把

许 可

"民以食为天",主食,更是国人每天生活的必需品。据北京市统计局调查表明,居民主食消费占到口粮消费的三分之一。最近几年,随着生活水平的提高和生活节奏的加快,城镇居民主食消费从家庭自制向购买成品半成品发展。据有关部门对300多户居民的入户调查表明,居民对主食品的要求,首先是卫生,再就是质量和花色品种。

目前,北京市已建起了十几家这样的主食厨房,每家日产能达万斤,品种包括馒头、蒸饼、糖三角、花卷、发糕、枣糕、豆沙包等20多个,为广大居民带来了方便。

节选自1996年8月30日《中国青年报》

阅读（一）

过去讲饱餐　今日重营养
城乡居民饮食变化大

葛如江

经济的迅速发展正逐步改善着人们的饮食习惯。越来越多的人发现,中国人餐桌上的"内容"正悄然发生变化,由原来的饱餐型向营养型、新鲜型、简便型转变。

80年代,我国人均粮食占有量达到400公斤,结束了粮食长期短缺的历史。举世公认,中国用世界7%的耕地养活了世界22%的人口是个了不起的奇迹。

现在,中国人越来越注重饮食的营养。据权威部门统计,1995年,我国城市居民每天人均消费粮食387克,肉禽78.3克,鱼虾36.1克,奶类24.2克,蛋类76.1克。与5年前相比,除粮食消费基本持平外,其他类消费增长都在10%至20%。中国人营养摄入量已达到中等发达国家的生活水平。40岁以上的人记忆犹新的"二白（稀饭、馒头）一黄（窝头）一黑（咸菜）"式的早餐,在不少地方已逐步被牛奶、面包、糕点、火腿等取代。城镇职工下班回来,主妇不捣腾出几个在营养和色香味上都有所追求的饭菜来,仿佛对不起家人。无论城里还是许多乡村,"中午白菜豆腐,晚上豆腐白菜"的日子,已遥遥远去。

食不厌"鲜"是近年来中国人餐桌上的一个显著特色。曾几何时,由于受季节的影响,我国北方居民往往是"守着土豆、萝卜、白菜过一冬"。1987年以来,由于"菜篮子工程"的迅速发展,蔬菜大棚遍及大江南北。依托不断推广的农业科学技术和充满活力的市场经济,今天不论南方还是北方,每个城市每天都有大量鲜菜上市,严冬再也不会妨碍人们吃鲜的欲望。中国人对蔬菜的消费量不知不觉中迅速增长,去年全国人均消费蔬菜150公斤。

选自1996年11月1日《人民日报》（海外版）

生　　词

1. 悄然	（副）	qiǎorán	quietly
2. 权威	（名）	quánwēi	authority
3. 肉禽	（名）	ròuqín	fowl raised for meat
4. 记忆犹新	（成）	jìyì yóu xīn	remain fresh in one's memory
5. 咸菜	（名）	xiáncài	pickles
6. 职工	（名）	zhígōng	staff
7. 主妇	（名）	zhǔfù	housewife
8. 捣腾	（动）	dǎoteng	do the cooking
9. 大棚	（名）	dàpéng	green-house

10. 菜篮子工程		càilánzi gōngchéng	food supply project
11. 依托	（动）	yītuō	rely on
12. 妨碍	（动）	fáng'ài	hinder;hamper
13. 欲望	（名）	yùwàng	desire

判断正误

1. 中国经济的发展促使人们的饮食习惯也发生了变化。（   ）
2. 我国粮食长期短缺的现象,80年代后获得了解决。（   ）
3. 中国用世界22%的耕地养活了世界7%的人口的成就举世公认。（   ）
4. 1995年,我国城市居民的粮食和肉禽、蛋、鱼虾和奶类的消费都比五年前有了很大的提高。（   ）
5. 如今中国人的营养摄入量已能同发达国家相比。（   ）
6. 过去中国北方居民冬天吃不到任何蔬菜。（   ）
7. "二白一黄一黑"式的早餐,说明过去中国人不懂得营养平衡。（   ）
8. 如今不管在什么地方、什么时候,人们都能吃到新鲜蔬菜。（   ）

阅读 （二）

在麦当劳吃"服务"

"麦当劳的服务嘛,能看见的不多,可是能感受到的却很多。"第一次来吃麦当劳的青岛姑娘沙瑾说。

王府井麦当劳餐厅是世界上最大的麦当劳分店,然而每天中午,熙熙攘攘的顾客还是得让服务员忙活好久。

大堂区的服务员一般维持在六七人左右。他们负责扫地、拖地、收拾餐盘和擦桌椅等工作,一刻也不闲着,不像一些餐馆里的服务员那样无所事事。桌椅、地面总是保持十分干净,玻璃门窗也每天按时清洁,让人心情很愉快。同时,我也发现大部分顾客还不习惯将用完餐后的餐盘端到回收处,一走了之。一位来自美国的游客说:"在美国,麦当劳是要求顾客自己倒掉包装袋和吃剩的食物的,不知怎么麦当劳到了中国便有了变化。"

前台有二十多米宽,摆放着十二三台收款机。每台收款机前有一位服务员,负责顾客点餐、收款以及交付食物,职责明确,减少了出错的可能性。

一位清华大学的老师告诉我:"麦当劳的内部装修很科学,采光充分,椅子坐上去也挺舒服,符合人体工学的原理。"值得一提的是,麦当劳备有能够灵活转动的婴儿车,让带小孩的顾客方便不少。我不止一次看见服务员主动将婴儿车推到正在为抱小孩和端餐盘而犯难的顾客身边。

麦当劳在使用服务员和其他人员上很有些"大家风度"。它并不像大部分餐馆那样只招收年轻漂亮的小姐,而是来者不拒。只要接受了它的培训,谁都可以上岗。许多为顾客点餐以及做清洁卫生工作的是三四十岁甚至年近五十的员工。据介绍,麦当劳对残疾人、老年人都能安排尽其所能的职位。

　　麦当劳的食品只有18种,但是吃起来让人感到放心。它对原料和加工过程有严格的要求,如牛肉饼是用100%的本地纯牛肉制成。在牛肉到达餐厅之前,有至少40个步骤控制其品质,符合国际和国内的有关标准。另外,对服务员的严格要求也是确保其产品质量的重要方面。服务员每半小时必须清洁一次双手,每次不少于20秒。我观察到产区的垃圾筒里有一些还温乎乎的汉堡包和炸薯条。据介绍,汉堡包超过10分钟,炸薯条超过7分钟未售就要丢弃,由专门的品质管理员来完成。

　　麦当劳的确做得让人难以挑剔。

选自1996年6月20日《经济日报》

生　　词

1.	分店	(名)	fēndiàn	branch (of a shop)
2.	熙熙攘攘	(成)	xīxī rǎngrǎng	bustling with activity
3.	收拾	(动)	shōushi	put in order
4.	餐盘	(名)	cānpán	tray
5.	无所事事	(成)	wú suǒ shì shì	have nothing to do
6.	倒掉		dào diào	pour
7.	收款机	(名)	shōukuǎnjī	cash register
8.	职责	(名)	zhízé	duty
9.	点餐		diǎncān	order dishes (in a restaurant)
10.	采光	(名)	cǎiguāng	lighting
11.	犯难		fàn nán	feel awkward
12.	大家风度	(成)	dàjiā fēngdù	magnanimous
13.	来者不拒	(成)	láizhě bú jù	refuse nobody
14.	上岗		shàng gǎng	go to one's post
15.	步骤	(名)	bùzhòu	step; measure
16.	汉堡包	(名)	hànbǎobāo	hamburger
17.	炸薯条	(名)	zháshǔtiáo	French fries
18.	挑剔	(动)	tiāotī	nit-pick; fastidious

回答问题

1. 大堂区的服务员如何维持清洁?
2. 麦当劳使用服务员和其他人员有什么"大家风度"?
3. 麦当劳的食品为什么吃起来让人感到放心?

阅读（三）

中国人想吃中国饭　中式快餐悄悄跟进

本报讯（实习生 李亚军）权威部门统计,到1995年底,全国已有快餐网点28万多家、专业快餐公司400个左右,加盟连锁店2000余家。全国快餐年营业额达到300亿元,约占餐饮业总营业额的1/4。其中传统的中式快餐已达到一半以上。

自80年代末,来自美国的肯德基在中国这个美食大国筑巢以来,麦当劳、比萨饼等洋快餐纷纷抢滩涌入,受到了以青少年为主的消费者的垂青。

但是,在北京一家快餐店就餐的张先生说:"麦当劳,孩子去的多。那里只能作休闲去的地方。要说吃得香,还得到咱们自己的快餐店。"像张先生这样的中餐爱好者成为中国式快餐崛起的忠实拥护者。

1992年6月,北京京氏快餐连锁公司成立,随之,中华田园鸡、香妃鸡、牛肉面、都乐春饼大王等相继加入了中式快餐的行列,而且出现了沪上的荣华鸡和河南郑州的红高粱羊肉烩面这样的跨地区快餐连锁公司。

如今,中式快餐进入平稳发展时期。行业内人士认为中式快餐要真正成熟起来,步入正轨,所需要解决的技术性问题尚有许多,比如必须要实现标准化制作、工厂化生产、连锁式经营,这样才能从品种质量、卫生环境和经营管理上缩小和海外快餐之间的差距。国内贸易部饮食服务业管理司市场指导处阎宇副处长说,"目前我国大量存在的是处在快餐与一般餐饮业之间的一种形式。说它不快吗,它的确很快。但那种脏、乱、差的品种质量、环境卫生等从严格意义上讲还不是快餐。现在,就是要将这些中间形式统一规范,以从整体上推进中式快餐的发展水平。相信,中式快餐赶上并达到洋快餐的水平只是时间问题。"说到中式快餐的发展前景,阎宇认为有三个优势:一是品种丰富;二是保留着传统的烹饪工艺;三是中国人想吃中国饭。

选自1996年4月26日《中国青年报》

生　词

1. 网点	（名）	wǎngdiǎn	a network of commercial establishments
2. 加盟	（动）	jiāméng	become a member of an alliance or union
3. 连锁店	（名）	liánsuǒdiàn	chain store
4. 垂青	（动）	chuíqīng	show appreciation for somebody
5. 崛起	（动）	juéqǐ	rise abruptly

回答问题

1. 到1995年底,我国的快餐业发展情况如何?
2. 行内人士认为,中式快餐要真正成熟起来并步入正轨,还要解决哪些技术性问题?
3. 中式快餐有哪三个优势?

第十六课

提示：
　　每年农历正月初一是中国最大的传统节日——春节。春节期间，有团聚、守岁、拜年及贴对联、吃饺子等风俗。随着岁月的变迁，春节期间的风俗也开始有了新的内容，例如全家观看春节联欢晚会、外出旅游、逛街购物等。

课　　文

北京人心中的九六春节

　　本报讯（实习记者甄蓁）北京社会心理研究所日前完成的一项公众调查显示，正如人们所料，春节是北京人最看重的传统节日，看电视仍是多数人的主要娱乐方式，但今年京城百姓还将尝试电话拜年、逛街购物等新过法。

　　此次调查是在离退休人员、专业人士、个体户、工人等各阶层进行的，年龄段为20岁～60岁以上，采样1000份，可以较准确地反映公众的普遍心理。

　　尽管商品经济不断发展，传统节日"喜庆团圆"的内蕴仍令人留恋。在20个候选节日中，春节的入选率为98.5%，"节日之尊"的地位不可动摇。中秋节入选率为87.5%，元宵节为82.1%，均在前5名之列，足见国人对家人团聚的渴望。

　　82.6%的市民把看电视列入春节计划，居各项之首，其中8.8%的人将其作为惟一想干的事，人们对电视台和电视节目的依赖不言而喻。虽然北京人可以看到中央台、北京台、有线台、卫星电视等数十个频道的节目，各电视台的压力相对减轻，但在长达7天的节假日里时时提供精品并非易事。研究人员建议，电视台可精选有教益的系列片、科教片播放，利用人们时间充裕的特点发挥自身的教育功能。

　　拜年这一传统习俗得到现代化通讯手段的支持。有60%的人愿意用电话拜年，因为"可以在第一时间简洁明了地互致问候"，还有30.4%的人会用寻呼机传递祝福，电话铃声和BP机的"嘟嘟"声会代替鞭炮营造一种现代节日气氛。

　　无论对大商场还是小摊贩，有43.9%的人打算在春节期间逛街购物都是一个好消息，但商家也不可盲目乐观,因为在此期间北京人计划开支平均数仅为1035元。

如果春节只能干一件事,19.8%的人选择休息,37.3%的人选择玩,其中玩法列出12项之多,从中可以看出超过半数的北京人在快节奏的生活中压力颇大,他们将春节作为大休日或狂欢节,希望休养生息或尽情宣泄一番。

在很多人看来,过春节还是会感到一丝遗憾,就是不得不把春节联欢晚会作为春节的象征,因为除此之外,很难找出另一种大家不约而同参与的一项活动,尤其是室外活动。

选自1996年2月17日《北京青年报》

生　　词

1.	公众	(名)	gōngzhòng	the public
2.	看重	(动)	kànzhòng	regard as important
3.	拜年		bài nián	pay a New Year call
4.	购物		gòu wù	shopping
5.	离退休		lí tuì xiū	retire

指离休和退休。

6.	个体户	(名)	gètǐhù	privately owned small enterprise

个体工商户的简称。指以家庭为单位的生产、经营实体。

7.	阶层	(名)	jiēcéng	(social) stratum
8.	年龄段		niánlíng duàn	age group
9.	内蕴	(名)	nèiyùn	intention
10.	留恋	(动)	liúliàn	be reluctant to leave
11.	候选	(动)	hòuxuǎn	wait to be chosen
12.	中秋节		Zhōngqiū Jié	the Mid-autumn Festival
13.	元宵节		Yuánxiāo Jié	the Lantern Festival
14.	团聚	(动)	tuánjù	reunite
15.	渴望	(动)	kěwàng	long for
16.	依赖	(动)	yīlài	rely on
17.	不言而喻	(成)	bùyán ér yù	it goes without saying

用不着说就可以明白。

18.	有线台	(名)	yǒuxiàntái	cable television channel

有线闭路电视频道。

19.	卫星台	(名)	wèixīngtái	satellite television channel

通过卫星转播的电视频道。

20.	精品	(名)	jīngpǐn	fine works (of art)
21.	教益	(名)	jiàoyì	enlightenment

受教导后得到的好处。

22.	系列片	(名)	xìlièpiàn	serial

电视系列片的简称。

| 23. 科教片 | （名） | kējiàopiàn | popular science film |

科学教育影片的简称。

24. 寻呼机	（名）	xúnhūjī	beeper
25. BP 机	（名）	bīpījī	beeper
26. 鞭炮	（名）	biānpào	firecrackers
27. 营造	（动）	yíngzào	construct
28. 摊贩	（名）	tānfàn	street pedlar
29. 休养生息	（成）	xiūyǎng shēngxī	rest and build up strength

这里指好好休息恢复精力。

30. 宣泄	（动）	xuānxiè	unbosom oneself
31. 遗憾	（名）	yíhàn	pity
32. 频道	（名）	píndào	channel
33. 节奏	（名）	jiézòu	rhythm

练 习

一、画线连词：

渴望　　　压力　　　　　　感到　　　气氛

减轻　　　问题　　　　　　传递　　　祝福

反映　　　影片　　　　　　营造　　　调查

播放　　　团聚　　　　　　进行　　　遗憾

二、判断句中画线词语的解释是否正确：

1. 在20个候选节日中,春节的入选率为98.5%,"节日之尊"的地位不可动摇。
   （节日里的尊严）(　　)
2. 有60%的人愿意用电话拜年,因为可以在第一时间简洁明了地互致问候。
   （子时零点整）(　　)
3. 电视台可精选有益的系列片、科教片播放,利用人们时间充裕的特点发挥自身的教育功能。
   （通过自己去教育别人）(　　)
4. 除此之外,很难找出另一种大家不约而同参与的一项活动。
   （并没有互相约好而共同去做一件事）(　　)
5. 各电视台在长达7天的节假日里时时提供精品并非易事。
   （精致的礼品）(　　)

三、根据课文内容完成下列句子：

1. 公众调查显示,春节是北京人＿＿＿＿＿＿＿＿。
2. 今年春节北京人新的过法将有＿＿＿＿＿＿＿＿。
3. 此次调查是在＿＿＿＿＿＿＿＿＿＿＿＿＿＿＿＿进行的。
4. 大多数北京人把＿＿＿＿＿＿＿＿列入春节计划。
5. 拜年的传统习俗得到了包括＿＿＿＿＿＿＿＿等现代化通信手段的支持。

四、选择正确答案：
1. 人们把春节看作"节日之尊"的原因是
   A 春节是中国人民的传统节日   C 春节是一年中假期最长的节日
   B 春节是家人团聚最重要的节日   D 春节期间人们可以多看电视节目
2. 在春节的活动计划中,人们最想做的事情是
   A 电话拜年   C 外出旅游
   B 逛街购物   D 观看电视
3. 人们不得不把春节联欢晚会作为春节的象征,这是因为
   A 人们都非常爱看春节联欢晚会的节目
   B 人们都不愿意离开自己的家去外边活动
   C 人们还未找到第二种能共同参与的活动
   D 人们都把看电视当作是一种无奈的消遣
4. 超过半数以上的北京人将春节作为大休日或狂欢节。根本原因是
   A 春节期间有很长的假期   C 平时生活节奏快,压力太大
   B 春节期间玩的机会比较多   D 春节期间可多看电视节目

五、快速阅读：

年年有"鱼"

缪士毅

民间有"无鱼不成席"之说,春节更是如此。吃年夜饭时,家家少不了一条"鱼",因"鱼"与"余"谐音,象征新的一年里,衣食用度,丰盛有余。如居住在黑龙江的赫哲族,春节家家摆鱼宴；侗族人民在大年初一清早,从塘里弄几条鲜活的大鲤鱼,整桌菜以鱼为主,预示新年吉祥有余。

鱼,在春节民间吉祥画中更为多见。如民间常见小孩在骑鱼背上的吉祥画,也有画两条活蹦乱跳的鱼组成"双鱼吉庆图",或将鱼与莲画在一起,称之"连年有鱼"。

节选自1997年2月7日《人民日报》(海外版)

阅读（一）

老表过年换口味

吴政保

"年货不用忙,纷纷买文化",这是时下赣中山区永丰县农村出现的新时尚。许多老表说："光顾吃喝没意思,还是度个文化春节过瘾"。

"小黑白"换"大彩电"

春节来临之际,永丰城乡市场上,最热闹的地方当数家电门市部,前来选购彩色电视机的农民络绎不绝。在县城供贸大楼家电柜台,一位来自坑田乡马围村的中年农民,靠种大棚蔬菜赚了1万多元,花了2300多元买了一台54厘米的"赣新"彩电。他兴致勃勃地告诉笔者："家里虽然有台黑白电视机,但怎

么看也不来劲。今年除夕夜可以大饱眼福"。据不完全统计,最近一个星期,仅县城各家电门市部就售出彩电500多台,其中80%被农民买走。

"压岁钱"换"礼品书"

自古以来,永丰老表过年都要给长辈送年礼,给晚辈发压岁钱,然而今年却发生了变化。在一些富裕村庄,"文化礼品"开始走俏。许多农民早早地便选购好书籍、字画、保健器材、工艺品等,准备在春节时给亲友送一个"新鲜"。在县城新华书店,笔者亲眼看到一位农民模样的中年人,购买了一套精装的《国外童话精选》。趁售书小姐包扎之际,他对笔者说,往年给外甥的新年礼物都是"红包",总觉得意犹未尽,今年决定变变花样送一套书籍,这样既高雅又实用,家长和孩子也许更加高兴。

"酒肉宴"换"文化餐"

往年春节,永丰老表过年几乎都是忙于请客吃喝。今年许多老表吃的观念淡化了,年前都忙于筹办各种文化活动,准备在春节期间共进"文化餐"。古县乡营下村4位农民组建采茶剧团,筹资5000元购买了服装、道具,正紧张排练节目,好在春节到附近村庄"慰问"乡亲们。瑶田乡湖西村家家购买了彩纸、绸布及蜡烛等,忙于制作灯笼,准备在元宵节举办"花灯会"。至于投资从事绘画、书法、摄影、器乐等文艺活动的农民则不计其数,其中有相当一部分农民已协商好,春节期间联合举办展览或汇演,共同欣赏或切磋技艺。

选自1997年2月10日《人民日报》(海外版)

生　　词

1. 老表	(名)	lǎobiǎo	a polite form of address to a male stranger
2. 年货	(名)	niánhuò	special purchases for the Spring Festival
3. 时下	(名)	shíxià	now
4. 时尚	(名)	shíshàng	fashion
5. 过瘾		guò yǐn	satisfy a craving
6. 选购	(动)	xuǎngòu	pick out and buy
7. 络绎不绝	(成)	luòyì bù jué	in an endless stream
8. 柜台	(名)	guìtái	counter
9. 来劲	(形)	láijìn	exciting
10. 大饱眼福		dà bǎo yǎnfú	feast one's eyes on something
11. 门市部	(名)	ménshìbù	sales department
12. 压岁钱	(名)	yāsuìqián	money given to children as a lunar New year gift
13. 长辈	(名)	zhǎngbèi	elder; senior
14. 富裕	(形)	fùyù	well-off
15. 走俏	(形)	zǒuqiào	(of goods) sell well
16. 书籍	(名)	shūjí	book
17. 字画	(名)	zìhuà	calligraphy and painting

18. 工艺品	（名）	gōngyìpǐn	handiwork
19. 精装	（名）	jīngzhuāng	hardcover
20. 包扎	（动）	bāozā	pack
21. 红包	（名）	hóngbāo	a red paper envelope containing money as a gift
22. 意犹未尽		yì yóu wèi jìn	not satisfied
23. 高雅	（形）	gāoyǎ	elegant
24. 实用	（形）	shíyòng	practical
25. 观念	（名）	guānniàn	sense
26. 淡化	（动）	dànhuà	desalinate
27. 筹资	（动）	chóuzī	raise money
28. 道具	（名）	dàojù	stage property
29. 绸布	（名）	chóubù	silk fabric
30. 蜡烛	（名）	làzhú	candle
31. 灯笼	（名）	dēnglong	lantern
32. 绘画	（名）	huìhuà	painting
33. 摄影	（名）	shèyǐng	photography
34. 汇演	（名）	huìyǎn	theatrical festival
35. 切磋	（动）	qiēcuō	learn from each other by exchanging views
36. 技艺	（名）	jìyì	skill; artistry

专　　名

1. 赣中		Gànzhōng	地名 name of a place
2. 永丰县		Yǒngfēng Xiàn	县名 name of a county
3. 坑田乡		Kēngtián Xiāng	乡名 name of a township
4. 马围村		Mǎwéi Cūn	村名 name of a village

判断正误

1. 春节前在永丰城乡市场上选购彩电的大多是当地农民。（　）
2. 坑田乡马围村一农民因家中无电视而用种菜赚来的钱买回了一台大彩电。（　）
3. 永丰城乡过年压岁钱已被"文化礼品"所取代。（　）
4. 一位农民模样的中年人认为，送"红包"比送书更有用。（　）
5. 过去一到过年，永丰农民都要请人吃喝。（　）
6. 今年不少农民年前忙于大量的文化活动，准备在过节时演出。（　）

阅读（二）

过"新"年

秋实

阖家团圆过大年,是我国的一种传统习俗。每逢春节前,在外游子归心似箭,年三十要全家吃上一顿团圆饭,似乎成了天经地义之事。

可近日报上一则消息令人耳目一新:北京某旅行社春节期间包机出国团队爆满,原准备打折请员工家属随团旅游,以补包机不满员的计划落空,因无机位被婉拒的旅客占一半以上。旅客中有儿女赞助父母出游的,有朋友结伴而行的,也有三口之家、热恋情人同行游玩的。旅行社叹息:原来对春节期间人们不愿离家的担心完全多余。

变春节归家团圆为离家出游,确实新鲜。

与友人谈起此事,大家各有己见。一说是今年春节假期长,平日难得聚齐出游的人们抓此时机,出国观光;一说是现在人们的钱包日渐鼓胀,平时没出国机会,借春节自费坐飞机出国旅行,不失为潇洒走一回;一说是人们近年来视野开阔,观念更新,过年不愿再囿于习俗,阖家厮守于故地,而希望变个过法儿,求异求新……

也有人叹息,出国出境旅游,虽然新奇又风光,但毕竟需要有相当的经济实力做基础,只可惜目前我等大多数人还不具备这个条件……

众人之说,皆有道理。依我之见,虽然现在人们的经济条件尚有差异,但是改变以往春节那种"穿新衣,放鞭炮,走亲访友拎蛋糕;方城里头玩一把,电视机前泡通宵"的过法,却是大多数人的共同愿望。所以,即使是因各种原因,不能出国出境旅游的人们,春节的过法儿也会力争推陈出新,春节期间亲朋好友交际往来的方式与内容,也会有不少变化。比如走亲访友送什么礼,孝敬老人用什么法儿,阖家团圆谈什么话题……如果您留心,一定有新发现,这大概会是一件挺有意思的事。

选自 1996 年 2 月 13 日《北京日报》

生 词

1.	阖家		hé jiā	the whole family
2.	习俗	（名）	xísú	custom
3.	游子	（名）	yóuzǐ	man travelling or residing in a place far away from home
4.	归心似箭	（成）	guī xīn sì jiàn	anxious to return
5.	天经地义	（成）	tiān jīng dì yì	unalterable principle—right and proper

6. 耳目一新	（成）	ěr mù yì xīn	find everything fresh and new
7. 团队	（名）	tuánduì	group
8. 爆满	（动）	bàomǎn	be filled to capacity
9. 打折		dǎ zhé	give a discount
10. 落空		luò kōng	fail
11. 婉拒		wǎn jù	politely refuse
12. 赞助	（动）	zànzhù	support
13. 出游	（动）	chūyóu	travel
14. 热恋	（动）	rèliàn	be passionately in love
15. 情人	（名）	qíngrén	lover
16. 不失为		bù shī wéi	can yet be regard as
17. 潇洒	（形）	xiāosǎ	natural and unrestrained
18. 视野	（名）	shìyě	field of vision
19. 更新	（动）	gēngxīn	renew
20. 厮守	（动）	sīshǒu	stay
21. 拎	（动）	līn	carry; lift
22. 推陈出新	（成）	tuī chén chū xīn	weed through the old to bring forth the new
23. 孝敬	（动）	xiàojìng	give presents (to one's elders or superiors)

回答问题

1. 中国人过春节的一种传统习俗是什么？
2. 最近，人们在过春节时发生了什么新鲜事？
3. 人们对这样的新鲜事儿有什么不同的看法？

阅读（三）

外国友人在天津喜迎新春

据新华社天津2月6日电（记者李道佳）今天是中国农历丙子年的最后一天，记者走进居住在天津国际大厦36层的普莱斯顿夫妇家中，迎面便见到一只如小孩般大小的红红的塑料装饰鱼在餐桌上方轻轻摇摆，客厅对面窗户上，大大的中国剪纸"福"字与厅内的鲜花、彩带互相呼应，使人顿时感到一股中国传统节日春节的喜庆气氛。

普莱斯顿太太带着近一岁的孩子正在玩耍，她告诉记者，在天津宝洁有限公司担任项目经理工作的丈夫中午还在加班。不过，她已准备好了许多中式、西式菜点，今天晚上要举行晚会，与一些中国朋友和外国朋友一同等待新年钟声的响起。她笑着说，这已是她在中国过的第二个春节了，"我们在中国，春节也是我们的节日"。

据了解,随着天津对外开放的扩大,近几年常驻天津的外国人及其家属大量增加。天津市公安局外管处的统计资料显示,1996年天津市办理外国人居留证2500多个,比上年增长30%。中国的传统节日春节放假约5天,不少在津的外国朋友或利用假期作短途旅游,或去中国朋友家中玩,或休闲聚会,也在享受节日的快乐。

李小田是位美国姑娘,现在是怡高物业服务(中国)有限公司人事及培训部的英语培训老师,她与中国朋友一起度除夕。她说,西方的圣诞节和中国的春节都是当地重要的节日,有许多相同之处:家庭、朋友们快乐相聚,打扫装饰房间,做好多好吃的菜,都是值得记住的日子。她喜欢过春节,如今已在中国度过了4个春节,并学会了做中国菜。她说,我买了不少原料菜,今晚一定要亲手包饺子,和朋友们一起好好地实践几次,还要看放鞭炮,过一个快乐的节日!

天津国际大厦有限公司中方总经理刘福凯介绍,每年春节,大厦都要为留在这里过节日的外国朋友送上饺子,并组织一些活动,送上新春的问候。

选自1997年2月7日《人民日报》(海外版)

生　　词

1. 农历	(名)	nónglì	the lunar calendar
2. 彩带	(名)	cǎidài	coloured ribbon
3. 呼应	(动)	hūyìng	echo
4. 喜庆	(形)	xǐqìng	joyous
5. 加班		jiā bān	work overtime
6. 菜点	(名)	càidiǎn	dish and pastry
7. 休闲	(动)	xiūxián	rest
8. 聚会	(动)	jùhuì	meet
9. 培训	(动)	péixùn	train

专　　名

1. 天津市	Tiānjīn Shì	城市名 name of a city
2. 普莱斯顿	Pǔláisīdùn	人名 Priceton

回答问题

1. 普莱斯顿夫妇家里充满了哪些春节的喜庆气氛?
2. 在天津的外国朋友是如何度过春节的?
3. 李小田认为圣诞节和春节有什么共同之处?

第十七课

提示：
　　我国约有 6000 万残疾人，国家历来对他们十分关心。"八五"期间，我国的残疾人事业取得了举世瞩目的成就。政府在保障残疾人的健康、入学和就业等方面做出了积极的贡献。"九五"期间，为帮助残疾人平等参与社会生活，政府将做出更大的贡献。

课　文

我国残疾人事业获巨大成绩
首次全国残疾人事业工作会议在京召开
李瑞环接见与会代表并发表讲话

本报北京 4 月 22 日讯　新华社记者陈雁、本报记者何加正报道：中共中央政治局常委、全国政协主席、中国残疾人联合会名誉主席李瑞环在接见首次全国残疾人事业工作会议代表时强调指出，在"九五"期间，各级党委和政府要一如既往地重视和支持残疾人事业。全社会都要更加关心和帮助残疾人。

李瑞环首先对会议的召开表示热烈的祝贺，向全国残疾人及其亲属致以亲切的问候，向为残疾人事业做出贡献的残疾人工作者致以崇高的敬意。他说，"八五"期间我国残疾人事业取得了巨大的成绩，这是有目共睹的，而且通过大家的努力，摸索出了具有中国特色的残疾人工作的经验，并使这项工作得到了全社会的广泛关注和支持，其意义深远，作用巨大。

李瑞环说，"九五"期间我国残疾人事业同其他事业一样，也面临着新的形势和任务。由于我国残疾人工作起步晚，基础差，目前存在的困难也多，这就更加需要各级领导和全社会给予高度重视，切实帮助解决残疾人平等参与社会生活所面临的问题。

为期 3 天的这次会议，是由国务院残疾人工作协调委员会召开的，主要议题是总结残疾人事业"八五"计划纲要执行情况，讨论残疾人事业"九五"计划纲要和部署"九五"期间的残疾人工作。国务院残疾人工作协调委员会委员，各省、自治区、直辖市残疾人工作协调委员会和民政、卫生、教育、劳动、残联等部门负责人参加了会议。

国务委员、国务院残疾人工作协调委员会主任彭珮云在会上讲了话。她说,五年来,208万残疾人得到不同程度的康复;视力、听力言语、智力残疾儿童少年入学率由20%提高到近60%;城乡残疾人就业率由60%提高到70%;约200万残疾人脱贫;残疾人文化生活日趋活跃;保障残疾人权益的法律法规体系初步形成;全社会更加理解、关心残疾人。

在谈到"九五"期间残疾人工作时,彭珮云指出:今后五年中国残疾人事业的目标是:使300万残疾人得到不同程度的康复;视力、听力言语和智力残疾儿童少年义务教育入学率分别达到80%左右;残疾人就业率达到80%左右;基本解决1500万贫困残疾人的温饱问题;保障300万由于重度残疾而处于特困状态残疾人的基本生活需求;残疾人文化生活尽可能融于公共社会文化生活之中;进一步加强执法检查和为残疾人提供法律服务;树立理解、尊重、关心、帮助残疾人的社会风尚;做好残疾人预防工作。

国务院副秘书长、国务院残疾人工作协调委员会副主任徐志坚主持了今天的会议。会上宣读了国务院残疾人工作协调委员会的决定:授予130个县(市、区)"全国残疾人工作先进县(市、区)"称号。中国残疾人联合会主席邓朴方在会上讲了话,残疾人工作先进县代表在会上发了言。

选自1996年4月23日《人民日报》(海外版)

生　词

1.	残疾人	(名)	cánjírén	disabled person
2.	崇高	(形)	chónggāo	lofty;high
3.	亲属	(名)	qīnshǔ	relatives
4.	有目共睹	(成)	yǒu mù gòng dǔ	be obvious to all

  指人人都看得到。

5.	纲要	(名)	gāngyào	essentials;programme
6.	总结	(动)	zǒngjié	sum up
7.	民政	(名)	mínzhèng	civil administration

  国内行政事务的一部分,工作内容是负责选举、行政区划、地政、户政、国籍、民工动员、婚姻登记、社团登记、优抚、救济等项工作。

8.	残联	(名)	cánlián	China Disabled People's Federation

  残疾人联合会的简称。

9.	康复	(动)	kāngfù	recovered
10.	脱贫	(动)	tuōpín	shake off poverty

  摆脱贫困。

11.	法规	(名)	fǎguī	laws and regulations
12.	日趋	(副)	rìqū	day by day
13.	特困		tè kùn	very poor

  指特别贫困。

14.	授予	(动)	shòuyǔ	confer;award
15.	称号	(名)	chēnghào	title

练 习

一、用下列动词组成动宾短语：

做好——　　　　　　　　　　召开——

发表——　　　　　　　　　　授予——

关心——　　　　　　　　　　理解——

协调——　　　　　　　　　　宣读——

二、用指定词语改写句子：

1. 李瑞环首先热烈祝贺残疾人工作会议的召开。（对……表示）
2. 国务院残疾人工作协调委员会召开了这次会议。（由……召开）
3. 李瑞环向为残疾人事业做出贡献的残疾人工作者表示崇高敬意。（致以）
4. 谈到"九五"期间残疾人的工作时，彭珮云指出了今后五年中国残疾人事业要达到的目标。（在……时）
5. 大会决定给予130个县(市、区)"全国残疾人工作先进县(市、区)"的称号。（授予）

三、阅读课文，快速寻找信息填空：

1. 首次全国残疾人事业工作会议在京召开的信息，最先出现在文章的_____上。
2. 残疾人事业工作会议的内容，在文章的第_____个自然段里可以读到。
3. 在文章的第_____个自然段，报道了残疾人事业在"八五"期间取得的成就。
4. 在文章的第_____个自然段，讲到中国残疾人事业要实现的"九五"目标。
5. 表彰先进的报道在文章的第_____个自然段里可以读到。

四、选择正确答案：

1. "八五"期间，我国残疾人事业取得了巨大的成绩，这是有目共睹的，而且通过大家的努力，摸索出了具有中国特色的残疾人工作的经验，并使这项工作得到了全社会的广泛关注和支持，其意义深远，作用巨大。

   这段话强调

   A 残疾人事业取得的成绩有目共睹

   B 残疾人工作的经验具有中国特色

   C 残疾人事业取得巨大成绩正好在"八五"期间

   D 带有中国特色的中国残疾人事业受到全社会的关注支持，意义深远，作用巨大

2. 由于我国残疾人工作起步晚，基础差，目前存在的困难也多，这就更加需要各级领导和全社会给予高度重视，切实帮助解决残疾人平等参与社会生活所面临的问题。

   这里作者要强调的是

   A 在我国的残疾人工作中存在的问题多

   B 残疾人参与社会生活面临的困难较多

   C 我国的残疾人工作起步较晚基础也差

   D 残疾人参与社会生活需要领导和社会的帮助

3. 根据彭珮云的讲话,"九五"期间中国残疾人事业的目标应该是:
   A 五个　　　　　　C 七个
   B 九个　　　　　　D 六个
4. 主持全国残疾人事业工作会议的是
   A 李瑞环　　　　　C 徐志坚
   B 彭珮云　　　　　D 邓朴方
5. 在"九五"期间的残疾人工作计划中没有谈到
   A 我国残疾人的就业问题　　C 我国残疾人的康复问题
   B 我国残疾人的脱贫问题　　D 残疾青年受教育的问题

五、快速阅读：

残疾就业稳步推进

本报讯（记者　梁琦）　自 1994 年本市开展按比例安排残疾人就业工作以来，2116 名有劳动能力的残疾人已得到安置，暂时安置残疾人有困难的单位缴纳了残疾人就业保障金 7562 万元，促进了残疾人劳动就业，保障了残疾人的劳动权利。据统计，目前本市 13 个区县已在 192 个街道、乡镇全面推开了第三轮（1996 年度）工作，已组织 1602 名残疾人参加了职业技能培训，按比例新安置 378 名残疾人就业，扶持扶助 30 名残疾人个体户开业，收缴残疾人就业保障金 2039 万元。

节选自 1997 年 8 月 7 日《北京青年报》

阅读（一）

邓朴方在中国残疾人福利基金会第十二次理事会上说

残疾人事业取得历史性成就

新华社北京 6 月 26 日电　（记者李斌）中国残疾人福利基金会第 12 次理事会今天在北京举行。中国残疾人福利基金会名誉理事、全国人大常委会副委员长王光英，全国政协副主席阿沛·阿旺晋美及 70 多位在京的名誉理事、理事出席了会议。

中国残疾人福利基金会理事长邓朴方在工作报告中说，《中国残疾人事业"八五"计划纲要》所规定的各项任务已全面超额完成，残疾人事业取得了历史性成就，不仅为事业发展打下良好基础，而且给残疾人带来实实在在的利益。5 年来，208 万残疾人不同程度地得到康复；特殊教育学校增加 559 所，达到 1379 所，视力、听力言语、智力残疾儿童少年入学率都由 20% 提高到近 60%；残疾人就业率由 60% 提高到 70%；又有 200 万残疾人脱贫；残疾人文化生活日趋活跃；广大公民维护残疾人权益的法律意识增强；残疾人更加自尊、自信、自强、自立。

邓朴方说，最近国务院批准实施《中国残疾人事业"九五"计划纲要》及其配套的 18 个实施方案。这个纲要明确了"九五"期间残疾人工作的指导原则，提出了基本解决残疾人温饱问题、义务教育入学率达到80%、就业率达到80%、并使300万残疾人得到康复的总目标。据此,残疾人福利基金会确定了1996年的工作任务:认真实施"九五"计划纲要,以减缩贫困、社区和家庭康复训练、分散按比例安排残疾人就业、义务教育和职业培训为重点,进一步改善残疾人状况;普遍核发残疾人证,进行地方残联机构改革,加强残疾人组织建设;做好残疾人奥运会的组团参赛工作;争取社会对残疾人事业更广泛支持。

会议公布了中国残疾人福利基金会1995年捐款收支决算。1995年中国残疾人福利基金会共收到海内外捐款折合人民币3214万元,支出人民币2704万元,全部拨付给地方,用于发展残疾人康复、教育、综合服务设施建设、康复扶贫、宣传文化、体育等项目。

选自1996年6月27日《人民日报》

生　词

1.	活跃	(形)	huóyuè	active
2.	自尊	(动)	zìzūn	self-respect
3.	配套		pèi tào	form a complete set
4.	减缩	(动)	jiǎnsuō	reduce; cut
5.	组团		zǔ tuán	put together (a group)
6.	捐款		juān kuǎn	donation
7.	折合	(动)	zhéhé	amount to; convert into
8.	拨付	(动)	bōfù	appropriate (a sum of money)

专　名

1.	中国残疾人福利基金会	Zhōngguó Cánjírén Fúlì Jījīnhuì	机构名 China Welfare Fund for the Handicapped
2.	奥运会	Àoyùnhuì	the Olympic Games

判断正误

1. 中国残疾人福利基金会名誉理事邓朴方在中国残疾人福利基金会第12次理事会上作了工作报告。(　　)
2. 中国残疾人事业"八五"计划纲要规定的各项任务已基本完成。(　　)
3. 5年来,残疾人事业取得历史性成就表现在7个方面。(　　)
4. 5年来200多万残疾人已全部康复。(　　)
5. 中国残疾人事业"九五"计划纲要提出的总目标包括基本上解决残疾人的温饱、教育、就业、婚姻四方面的问题。(　　)
6. 残疾人基金会确定1996年的工作任务包括四部分。(　　)

阅读（二）

殷殷骨肉情　爱心越香江
——北京农民养育香港儿17年

这是一个充满情趣的普通家庭，也是一个特殊的家庭——"儿子"何佑夫，香港人，22岁。父亲王耀荣，北京大兴县采育镇南山东营村农民，72岁。母亲肖万志，王耀荣的老伴，同是东营村农民，72岁。

17年前，患有先天性下肢不发育症的何佑夫，在亲生父母的带领下从香港到内地医治，跑了几家医院未见成效，孩子就被托给了佑夫的外公照看。外公是北京大兴县人，一个人生活，照顾佑夫有困难，就又把他托给王耀荣和肖万志夫妇。那年，佑夫只有5岁。

刚到北京这个新家时，佑夫身体十分虚弱，体重不足5公斤，连个小半导体都拿不稳，村里人看了都为他能否活下来担心。然而在王耀荣夫妇的细心养育下，佑夫不但奇迹般地活下来，而且还能学文化长知识，头脑聪颖。

佑夫下肢未发育，活动功能丧失，吃饭、大小便、上街遛弯儿、出门晒太阳，全靠王耀荣双手从炕上抱到车上，再从车上抱回炕上。一晃17年过去了，佑夫的体重增加到20公斤。尽管王耀荣夫妇已是72岁的老人，但对佑夫仍是疼爱如初，视为掌上明珠。每天的饭食由佑夫定，佑夫要吃什么，老人就做什么。一次下雨，佑夫要吃方便面，王大爷二话没说，走出一里多地给他买回来；一次佑夫便秘，肖大娘就用温水轻轻给佑夫擦洗，用香油慢慢润滑，直至佑夫解下大便，村里人都夸王耀荣夫妇对佑夫比亲儿子还疼。佑夫也常说，如果没有"爹妈"的细心照料，也就没有他的今天。王耀荣说："佑夫本身是残疾，又远离父母，他要受点儿委屈，咱真受不了。香港人、内地人都是中国人，人家把孩子托付给我们了，我们就得把他抚养好，将来对他的父母也好交代啊！"为了减少佑夫日常生活的寂寞，王耀荣托人从城里买回几条小金鱼，供佑夫观赏。佑夫喜欢看电视，王耀荣花了170元给彩电加装了遥控器，好让他看着方便。孩子一天天大起来，为了让他学会生活的本领，佑夫12岁那年，王耀荣夫妇每月挤出60元钱，给佑夫请来家庭教师，教他学英语、语文和算术，还花40多元买了一本《现代汉语词典》供他随时查阅。如今，佑夫已能读书看报。近两年，佑夫最关心有关香港回归祖国的消息，对柯受良驾车飞越壶口黄河的壮举赞叹不已。他说："我是香港人，更是中国人，我为柯受良的精神感到自豪。我不会向命运屈服，我要掌握技能为社会作出贡献，但这同时需要社会对我的帮助，给我回报社会的机会。"

看到"父母"蹒跚的背影，佑夫也想到以后更远的日子。他曾给香港的亲生父亲写过信，谈到自己更谈到二老日后的生活安排，他希望二老的晚年生活幸福，盼望能在北京见到生身之父。

张居生

选自1998年2月15日《北京日报》

生　　词

1.	情趣	（名）	qíngqù	interest; appeal
2.	老伴儿	（名）	lǎobànr	(of an old married couple) husband or wife
3.	先天性	（名）	xiāntiānxìng	congenital
4.	发育	（动）	fāyù	grow; develop
5.	外公	（名）	wàigōng	(maternal) grandfather
6.	照看	（动）	zhàokàn	look after
7.	虚弱	（形）	xūruò	weak
8.	半导体	（名）	bàndǎotǐ	semiconductor
9.	聪颖	（形）	cōngyǐng	clever
10.	丧失	（动）	sàngshī	lose
11.	遛弯儿		liù wānr	go for a walk
12.	炕	（名）	kàng	*kang*; a heatable brick bed
13.	掌上明珠	（成）	zhǎng shàng míng zhū	a pearl in the palm—a beloved daughter
14.	便秘	（动）	biànmì	get constipated
15.	润滑	（形）	rùnhuá	lubricating
16.	委屈	（动）	wěiqū	feel wronged
17.	抚养	（动）	fúyǎng	bring up
18.	交代	（动）	jiāodài	account for
19.	观赏	（动）	guānshǎng	enjoy the sight of
20.	遥控器	（名）	yáokòngqì	remote controller
21.	查阅	（动）	cháyuè	look up
22.	壮举	（名）	zhuàngjǔ	magnificent feat
23.	蹒跚	（形）	pánshān	walk haltingly

专　　名

1.	大兴县	Dàxīng Xiàn	县名 name of a county
2.	采育镇	Cǎiyù Zhèn	镇名 name of a town
3.	南山东营村	Nánshān Dōngyíng Cūn	村名 name of a village

回答问题

1. 残疾人何佑夫从小患的是什么病？
2. 北京农民王耀荣夫妇是如何照顾何佑夫的？
3. 说说何佑夫的身世。

阅读（三）

我国三年安排康复扶贫资金1.5亿元
扶持兴办600余家企业，安置1万多残疾人就业

本报讯 从1992年起，在全国较大范围内实施康复扶贫工作以来，我国已经安排帮助残疾人康复以及提高其生活技能的资金达1.5亿元，其中，国家银行贷款1亿元，地方匹配资金5000万元。

目前，我国农村中的残疾人约有3800万，其中有半数以上生活在贫困状态。为解决农村贫困残疾人的温饱问题，设立了康复扶贫专项贷款，发放1亿元，期限5年，分两次周转使用。全国427个县利用康复扶贫贷款和地方配套资金，扶持或兴办扶贫、福利企业600多家，实现产值13亿元；共安置了1万多残疾人就业；对近20万残疾人进行了康复医疗和训练；对50万残疾人进行了农业实用技术培训；安排了5万残疾人进入乡、镇、村办企业工作；扶持了近170万残疾人从事多种形式的生产劳动，其中有20余万残疾人达到或超过了温饱线，并有2.6万残疾人走上了富裕的道路。

从去年起，康复扶贫专项贷款划归中国农业发展银行办理。最近，中国残疾人联合会和中国农业发展银行对二期康复扶贫贷款的投放做了具体安排。康复扶贫款再投放坚持开发式扶贫方针，坚持以扶持贫困残疾人康复、脱贫致富为主要目标，贷款支持的项目可以不受产业限制。投放的对象是承担康复扶贫开发任务的各类企业，包括经济实体，不直接贷给残疾人本人。期限根据贷款项目的不同、生产经营周期和借款者综合还贷能力分别确定。利率严格按国家利率政策和规定执行。投放的地区范围由省残联决定，但贷款再投放所支持的康复扶贫开发项目，必须由省级农发行按项目贷款管理要求，从省残联建立的项目库中择优选定。

（李西玲）

选自1995年6月21日《经济日报》

生　　词

1. 贷款	（名）	dàikuǎn	loan
2. 周转	（动）	zhōuzhuǎn	turnover
3. 扶持	（动）	fúchí	support
4. 福利企业		fúlì qǐyè	welfare enterprise

　　专门为照顾残疾人生活就业而创立的企业。

5. 安置	（动）	ānzhì	arrange for
6. 划归	（动）	huàguī	incorporate into
7. 投放	（动）	tóufàng	put (money) into circulation

8. 承担	（动）	chéngdān	undertake
9. 利率	（名）	lìlǜ	rate of interest
10. 择优	（动）	zéyōu	select the superior ones

回答问题

1. 在我国农村约有多少残疾人？他们的生活状况如何？
2. 政府发放给农村的 1.5 亿元康复扶贫资金在几个方面获得了使用？（只说数字）
3. 中国残疾人联合会和中国农业发展银行对二期康复扶贫贷款的方针和主要目标有什么规定？

第十八课

提示：

中国自改革开放以来，个体私营经济获得了迅猛发展。作为社会主义市场经济的补充部分，个体私营经济对中国经济的发展做出越来越大的贡献。但近年来，个体私营经济增长速度开始下降。到底有哪些变化？是喜还是忧呢？

课　文

增长速度下降　　结构趋向合理
我国个体私营经济出现新特点

李欣欣

在自80年代以来的近15年中，我国个体私营经济始终保持持续稳定的发展速度，尤其是1992年以后开始步入高速发展的新阶段。但是，到了1996年却首次出现了个体经济呈负增长、私营经济增长速度大幅度降低的新的发展态势。

据国家工商局提供的数字表明，截止到1996年6月底，全国登记注册的个体工商户为2474万户，从业人员4544.2万人，注册资金1886.7亿元，总产值1794.3亿元，销售总额或营业收入5763.3亿元，社会商品零售额3347.2亿元。这6项指标与1995年年底相比，除注册资金增长4.1%外，其余5项指标均分别下降了2.2%、1.5%、35.7%、35.8%和37.5%。

另据国家工商局提供的数字，截止到1996年6月底，全国私营企业为70.9万户，从业人员1014.2万人(其中投资者人数147.2万人，雇工人数867万人)，注册资本(金)3128.6亿元。3项指标的增长幅度大大低于上年同期发展水平。其中户数比上年同期71.5%的增长幅度低45.6个百分点，从业人员比上年同期62.5%的增长幅度低21.3个百分点，注册资本(金)则比上年同期136%的增长幅度回落了108.8个百分点。

全国个体私营经济除增长速度大幅度下降外，还出现以下几个新特点：

一是西部地区私营企业户数的增长幅度首次超过了中部和东部地区。中部地区比上年末增长了9.71%，东部地区比上年末增长了7.08%，而西部地区却比上年末增长了12.87%。1996年上半年全国增长幅度最高的3个省均在西部地区,其中陕西增长了24.43%,宁夏增长了22.78%,贵州增长了20.3%。

二是私营企业中的合伙企业户数首次出现负增长,而有限责任公司正逐渐成为私营企业的主体。截止到1996年6月,合伙私营企业为11.5万户,比上年末下降了2.77%,相反,私营企业中的有限责任公司正逐步壮大。有限责任公司的户数达28.2万户,比上年末增长了19.82%,占私营企业总户数的比重为39.71%。

三是私营企业中的第一产业和农林牧渔行业发展最快。到1996年6月,从事第一产业的私营企业已达7195户,比上年末增长了14.5%,在私营企业的八大行业中,农林牧渔行业发展最快,比上年末增长了14.4%。

四是农村个体经济的六项指标比重均超过城镇个体经济。到1996年6月,农村个体经济的户数已达1622万户,从业人员3022万人,注册资金1148.3亿元,总产值1346亿元,销售总额或营业收入3040.6亿元,社会消费品零售额1728.6亿元。这六项指标分别占私营经济总数比重的65.6%、66.6%、60.9%、75%、52.8%和51.6%。

节选自1997年1月8日《经济日报》

生　词

1.	趋向	(名)	qūxiàng	trend
2.	呈	(动)	chéng	appear; present
3.	负增长		fù zēngzhǎng	negative growth
4.	私营经济		sīyíng jīngjì	the private sector of the economy
5.	个体	(名)	gètǐ	individual
6.	态势	(名)	tàishì	situation
7.	注册	(动)	zhùcè	register
8.	工商户	(名)	gōngshānghù	privately owned small enterprise

指个体工商户即城乡居民个人经营或家庭经营的小型手工业、零售商业等经营单位。

9.	零售额	(名)	língshòu'é	turnover (from retail trade)
10.	雇工	(名)	gùgōng	hired labourer
11.	百分点	(名)	bǎifēndiǎn	percentage point
12.	合伙	(动)	héhuǒ	form a partnership
13.	第一产业		dìyī chǎnyè	primary industry

国民经济三大部类之一,指农业、林业、畜牧业、渔业、矿业等。

专　名

1. 国家工商局　　Guójiā Gōngshāngjú　　机构名
　　　　　　　　　　　　　　　　　　　State Bureau of Industry and Commerce

2. 陕西　　　　　　　Shǎnxī　　　　　　省名
　　　　　　　　　　　　　　　　　　name of a province
3. 宁夏　　　　　　　Níngxià　　　　　 自治区名
　　　　　　　　　　　　　　　　　　name of an autonomous region
4. 贵州　　　　　　　Guìzhōu　　　　　 省名
　　　　　　　　　　　　　　　　　　name of a province

练　习

一、选择画线词语的正确解释：
 1. 农村个体经济的六项指标比重<u>均</u>超过城镇个体经济。
    A 平均
    B 都
 2. 3项指标的增长幅度大大低<u>于</u>上年同期发展水平。
    A 比
    B 在
 3. 中部地区比上年末增长了9.1%，东部地区比上年末增长了7.08%，<u>而</u>西部地区却比上年末增长了12.87%。
    A 而且
    B 表示转折
 4. 合伙私营企业的注册资本（金）为273.7亿元，<u>仅</u>占私营企业注册资本（金）总额的8.75%。
    A 而且
    B 只

二、用指定的词语完成句子：
 1. 自80年代以来的近15年中，我国个体私营经济始终_____。（保持）
 2. 西部地区私营企业户数的增长幅度首次_____。（超过）
 3. 在私营企业的八大行业中，农林牧渔行业发展最快，_____。（比）
 4. 我国个体私营经济增长速度下降，结构_____。（趋向）

三、判断 A、B 两句的意思是否相同：
 1. A 截止到1996年6月底，全国登记注册的个体工商户为2474万户。
    B 1996年6月底，全国登记注册的个体工商户达到2474万户。
 2. A 这6项指标与1995年底相比，除一项增长外，其余5项指标都下降了。
    B 同1995年底比较，这6项指标中只有一项增长。
 3. A 私营企业中的合伙企业户数首次出现负增长，而有限责任公司正逐渐成为私营企业的主体。
    B 在有限责任公司成为私营企业的主体时，私营企业中的合伙企业户数却缓慢增长。
 4. A 全国个体私营经济除增长速度大幅度下降外，还出现了以下几个新特点。
    B 全国个体私营经济在增长速度大幅度下降方面出现了以下几个新特点。

四、选择正确答案：

1. 我国个体私营经济增长速度下降的势头出现在
   A 80年代以后　　　　　　　C 1996年
   B 1992年以后　　　　　　　D 1996年以后

2. 国家工商局提供的数字表明：1996年个体工商户、从业人员、总产值、销售总额或营业收入、社会商品零售额五项指标均比1995年分别下降了
   A 2.2%、1.5%、35.7%、35.8%、37.5%
   B 2.2%、1.5%、4.1%、37.5%、35.8%
   C 37.5%、35.7%、35.8%、2.2%、1.5%
   D 1.5%、2.2%、35.7%、35.8%、37.5%

3. 到1996年6月底，全国私营企业的三项指标即企业户数、注册资本以及从业人员要比1995年同期增长幅度低
   A 45.6%、108.8%、21.3%　　C 45.6%、21.3%、108.8%
   B 71.5%、136%、62.5%　　　D 71.5%、62.5%、136%

4. 在私营企业户数的增长幅度上同1995年底相比，中国西部、中部和东部地区增长比例分别为
   A 9.71%、12.87%、7.08%　　C 24.43%、22.78%、20.3%
   B 12.87%、9.71%、7.08%　　D 20.3%、22.78%、24.43%

5. 农村个体经济的六项指标分别占私营经济总数比重的
   A 75%、51.6%、60%、65.6%、52.8%、66.6%
   B 65.6%、75%、52.8%、66.6%、60%、51.6%
   C 66.6%、52.8%、65.6%、60%、51.6%、75%
   D 65.6%、66.6%、60.9%、75%、52.8%、51.6%

6. 在个体和私营经济的发展上，文章没有提到
   A 中部地区　　　　　　　　C 北部地区
   B 东部地区　　　　　　　　D 西部地区

五、快速阅读：

武城民企老板兴"三热"

本报讯 山东省武城县的民营企业老板们在大力发展自己企业的同时，掀起了三股热潮。

再当"读书郎"热 民企老板致富后，危机感越来越重。他们意识到，不提高自身素质，就会被淘汰。于是纷纷潜心学习经济、管理等方面的知识。

聘请法律顾问热 过去，该县的民企老板们法律意识较淡薄，不知用法律武器保护自己，因此在经济往来中经常吃亏上当。现在，民企老板开业后的第一件事就是聘请法律顾问。

兴办合资企业热 随着企业的发展，民企老板开始积极在"老外"中寻求合作伙伴。截至目前，该县民营企业已成立了7家中外合资企业，合同利用外资982万元人民币，还有13位民企老板与外商达成了合作意向。

（刘振洋）

节选自1996年11月20日《经济日报》

阅读（一）

温州女能人　贵州显身手
——记服装经营的"个体户"李晓芽

廖立清

在贵州省贵阳市，有一位经营服装业 30 多年的女能人，她就是浙江温州的李晓芽。

今年 54 岁的李晓芽，浙江省乐清市大荆镇盛宅下村人。1989 年 10 月，她来到贵阳市。在当地党政、工商等部门的支持下，先后办起了"贵州神鹰西服有限公司"、"贵州巨龙西服有限责任公司"，李晓芽自任董事长，其子盛俊敏、盛宏分别任这两公司的总经理，在云贵高原上闯出了一片天地。

贵州巨龙西服有限责任公司，是继贵州神鹰西服有限公司之后于 1995 年 6 月创办的，它的宗旨是："保证质量，注重信誉，立足贵州，面向全国，再上档次，跨出国门"。该公司聘请高级服装师，荟萃四省市十二地区的服装制作高手，引进高级全套西服生产线，生产流程规范化；采用国产名牌面料和高级进口衬料，保证了服装的优良品质，深受广大客户和消费者的青睐。李晓芽说："以质量求生存、求发展、求信誉，是我们'巨龙'、'神鹰'的生命所在。"

李晓芽不仅这样说的，也是这样做的。她在技术、质量管理方面制订了 12 项规章制度。高质量的产品和完善的售后服务，使"上帝们"产生了对"巨龙"、"神鹰"的厚爱。这两个公司多次被评为四川省、贵州省重合同、守信用单位，在 1996 年"3.15"国际消费者日的前夕，又被评为贵州省消费者信得过产品单位。李晓芽被评为贵阳市"先进个体劳动者"。

"巨龙"、"神鹰"公司兴办 7 年多以来，贵州、广西、四川等地客户纷至沓来，与"巨龙"、"神鹰"公司签订预购协议和意向书上万套服装。这两个公司现有员工 160 多人，拥有固定资产 200 多万元，年产西服 5 万套，年产值 1000 多万元。"巨龙"、"神鹰"公司还在贵阳市兴办了占地 800 平方米的 4 个"西服城"，销售量达 1 万多套，有 150 个花色品种，成为"筑城"贵阳的"西服世界"。日前，"巨龙"又在遵义开设了专营店，生意越做越红火。

选自 1997 年 1 月 8 日《经济日报》

生　词

1. 经营	（动）	jīngyíng	manage
2. 服装业	（名）	fúzhuāngyè	fashion industry
3. 闯出		chuǎng chū	open up
4. 天地	（名）	tiāndì	field of activity
5. 国门	（名）	guómén	the gateway of a country
6. 聘请	（动）	pìnqǐng	engage; invite

7. 衬料	（名）	chènliào	lining cloth
8. 厚爱	（动）	hòu'ài	favor
9. 红火	（形）	hónghuo	prosperous
10. 纷至沓来	（成）	fēnzhì tàlái	come in a continuous stream
11. 意向书	（名）	yìxiàngshū	letter of intent

专　名

| 1. 贵阳市 | Guìyáng Shì | 城市名 name of a city |
| 2. 温州 | Wēnzhōu | 城市名 name of a city |

判断正误

1. 李晓芽是一位从事服装业多年的年轻的个体户。（　）
2. 1989年10月，李晓芽在贵阳创建了"巨龙"和"神鹰"两个公司。（　）
3. "巨龙"和"神鹰"两公司以质量求生存，不断开拓自己的业务。（　）
4. "巨龙"和"神鹰"的服装产品受欢迎的原因是因为全部采用进口面料。（　）
5. "巨龙"和"神鹰"两公司被评为信得过单位，李晓芽本人也成了先进个体户。（　）
6. "巨龙"和"神鹰"只从事服装生产而不经营服装销售业务。（　）

阅读（二）

管理规范化　企业实业化　布局园区化　成分多元化
"蓝天"创出办好私营城新路子

本报讯　记者陆继农报道　创办不到3年的上海蓝天私营经济城，靠40万元资金起家，如今已吸纳1400多家企业落户，吸纳社会资金10亿元，上交国家税收近7000万元。"蓝天"的超常发展，引起了上海经济理论界的关注，总结和探索"蓝天"的成功经验，归纳为"管理规范化、企业实业化、布局园区化、成分多元化"，被誉为代表私营城发展方向的"蓝天模式"。

蓝天私营经济城创办于1994年8月底，起步较晚。他们注意吸收其他私营城的长处，而对其不足之处引以为戒。为确保私营城健康有序发展，创办初期就坚持一手抓开发，一手抓管理，开发与管理并举的方针。他们从管理队伍抓起，招商人员考试合格才能上岗；规范验资和税收队伍，确保在工作中严格按政策办事。私营城初具规模后，在管理上围绕"守法经营，依法纳税"这一根本原则开展工作，做到税收规范化，尤其是加强对增值税发票的管理。目前发票、税收等基础管理已全部实现电脑化。

为避免"空壳"现象,"蓝天"把发展实业型、规模型、科技型作为招商重点,积极扶持。目前,"三型"企业占了较高的比例,其中实业型占近三分之一。城内企业的规模都比较大,注册资本在200万元以上的企业达100多家,最多的达到2000万元。科技人员办的企业特别多,许多高级工程师、教授都到"蓝天"创办科技企业,产品科技含量高,有的达到国际先进水平,并填补了国内空白。

"蓝天"以吸纳私营企业为主,同时也吸纳国有、集体、"三资"企业,发展多种经济成分。各类企业都落户在开发区大本营内,不仅布局园区化,而且便于管理,防止出现有"户口"而找不到业主、收不到税款的现象。

选自1997年8月8日《经济日报》

生　　词

1.	起家		qǐ jiā	build up
2.	落户		luò hù	settle
3.	实业化	(动)	shíyèhuà	industrialize
4.	布局	(名)	bùjú	distribution
5.	成分	(名)	chéngfèn	composition
6.	模式	(名)	móshì	model
7.	引以为戒	(成)	yǐn yǐ wéi jiè	take warning
8.	并举	(动)	bìngjǔ	develop simultaneously
9.	招商		zhāo shāng	invite outside investment
10.	增值税	(名)	zēngzhíshuì	value-added tax
11.	电脑化	(动)	diànnǎohuà	computerize
12.	空壳	(名)	kōngké	empty shell
13.	填补	(动)	tiánbǔ	fill (a vacancy, gap, etc.)
14.	空白	(名)	kòngbái	gap
15.	户口	(名)	hùkǒu	registered permanent residence
16.	业主	(名)	yèzhǔ	owner (of an enterprise or estate)

回答问题

1. "蓝天"获得成功的经验是什么?
2. 为确保私营经济城健康有序的发展,"蓝天"是如何落实开发与管理并举的方针的?
3. "蓝天"是否单一的经济成分?为什么?

阅读（三）

安徽个体私营经济发展势头强劲

本报讯　通讯员周柏钦　记者陈雷报道　在各方面精心培育下,安徽个体私营经济不仅数量上有较大的增长,而且在整体素质和行业结构上也有了质的飞跃,实力明显增强,1996年个体私营企业从业人员已达257.2万人,年创产值110.42亿元。1997年以来,个体私营经济继续稳步增长,年中个体工商户发展到113.9万户,私营企业1.84万户。

　　近年来,安徽高度重视个体私营经济的发展,省委、省政府提出了将发展个体私营经济作为振兴安徽经济新的重要增长点的战略思想。各级工商行政管理部门坚持公平、公正的原则,对个体私营企业的场地安排、资金借贷、产品鉴定、从业人员职称评定等,与国有集体企业一视同仁并提供便利。经过几年的共同努力,安徽个体私营经济发展呈现出强劲势头,形成了三大特色。首先,行业结构日趋合理,占主导地位的第三产业得到了进一步的发展,出现了文化教育、科研、中介服务等新兴行业。从事第一产业的农业开发也开始起步,而且势头较好;其次经济实力、经营能力进一步增强;企业的组成形式向高层次发展。到去年上半年止,个体工商户自有资金60.64亿元,较"七五"末增长4.3倍,私营企业注册资本60.92亿元,户均资金34.56万元。目前,全省私营企业注册资金超百万元的有881户,14户跻身全国最大私营企业500强之列,组建了一批企业集团;第三,从业人员中知识分子增多,整体素质提高。一批科技人员、大中专毕业生、离退休人员和有一定技术特长的企业下岗人员的加入,从整体上提高了从业人员的政治思想素质、文化素质、技术素质和经营水平。

选自1998年1月7日《经济日报》

生　　词

1.	强劲	(形)	qiángjìn	powerful
2.	省委	(名)	shěngwěi	provincial Party committee
3.	振兴	(动)	zhènxīng	develop vigorously
4.	借贷	(动)	jièdài	borrow or lend money
5.	鉴定	(动)	jiàndìng	appraise
6.	职称	(名)	zhíchēng	the title of a professional post
7.	评定	(动)	píngdìng	evaluate
8.	一视同仁	(成)	yí shì tóng rén	treat equally without discrimination
9.	中介	(名)	zhōngjiè	medium
10.	高层次		gāo céngcì	high-level
11.	跻身	(动)	jīshēn	ascend; mount
12.	组建	(动)	zǔjiàn	put together (a group)

专　　名

安徽	Ānhuī	省名　name of a province

回答问题

1. 简述安徽个体私营经济发展中的三大特色?
2. 安徽省委、省政府是如何高度重视个体私营经济发展的?

第十九课

提示：

就业问题是世界各国普遍存在的社会问题，它关系到社会的稳定和发展，更与每一个人的切身利益息息相关。为了帮助失业职工和下岗职工再就业，我国劳动部在1993年11月3日制定了"再就业"工程，短短几年就取得了巨大成绩。

课　文

再就业工程获重大成果
——一年多来全国已有243万人再就业

新华社济南10月18日电（记者尹建华、王永平）记者在此间召开的全国200个城市实施再就业工程现场会上获悉，我国再就业工程组织实施一年多来，已取得重大阶段性成果。全国已组织500万失业职工和企业富余人员参加，其中243万人实现了再就业。

我国是一个人口大国，劳动力资源增长快，就业问题一直是关系到经济和社会发展的重大问题。特别是随着经济增长方式的转变、产业结构调整和企业改革深化，国有企业吸纳就业能力减弱，再加上农村需要向非农领域转移的劳动力大量增多，我国面临着十分艰巨的就业任务。

党中央、国务院对就业问题十分重视。《国民经济和社会发展"九五"计划和2010年远景目标纲要》把促进就业和控制失业列入了国家宏观调控的重要目标。"九五"期间，我国城镇要新增就业4000万人，力争将城镇失业率控制在4%左右，并根据改革的进程积极稳妥地分流企业富余人员，切实保障困难企业职工基本生活。

劳动部部长李伯勇在会上说，实施再就业工程是一项利国利民的大事，是推动改革、促进就业的一项创举。再就业工程实施一年多来取得明显成效。一是促进了劳动工作与深化企业改革的紧密结合，使就业工作列入了各级政府的议事日程，取得了工作的主动权；二是抓住了城镇就业工作的主要矛盾，积极探索出解决计划经济向市场经济转轨时期就业问题的新途径，加大了培育劳动力市场的力度；三是发挥了政府、企业、劳动者、社会各方面的积极作用，帮助和支持劳动者靠自身努力实现就业；四是推动了就业制度的改革，拓宽了城镇就业渠道，初步形成了多形就业的局面。

他强调,失业职工再就业与企业职工分流安置工作是一项长期而又艰巨的任务,我们必须有打持久战的思想准备。"九五"期间将组织800万失业职工和困难企业职工参加再就业工程。今年至1998年是再就业工程全面实施阶段,工作重点是完善实施方案,出台各项扶持政策和措施;建立健全有关制度,广开就业门路,为形成就业安置的新机制奠定基础。

选自1996年10月19日《人民日报》(海外版)

生　　词

1. 再就业工程　　　　zài jiùyè gōngchéng　　　re-employment project
   指1993年11月3日由劳动部制定的旨在帮助失业职工和下岗职工尽快实现再就业的一项工程。
2. 成果　　　(名)　　chéngguǒ　　　achievement
3. 获悉　　　(动)　　huòxī　　　learn (of an event)
4. 阶段性　　(名)　　jiēduànxìng　　stage
5. 劳动力　　(名)　　láodònglì　　labour force
6. 国有企业　　　　guóyǒu qǐyè　　state-owned enterprises
   指资金财产属于国家的全民所有制企业。
7. 深化　　　(动)　　shēnhuà　　deepen
8. 减弱　　　(动)　　jiǎnruò　　weaken
9. 转移　　　(动)　　zhuǎnyí　　shift; transfer
10. 宏观　　　(名)　　hóngguān　　macro-
11. 调控　　　(动)　　tiáokòng　　adjust and control
    调节控制。
12. 力争　　　(动)　　lìzhēng　　work hard for
13. 稳妥　　　(形)　　wěntuǒ　　safe; reliable
14. 分流　　　(动)　　fēnliú　　divert
15. 创举　　　(名)　　chuàngjǔ　　pioneering work
16. 计划经济　　　　jìhuà jīngjì　　planned economy
17. 市场经济　　　　shìchǎng jīngjì　　market economy
18. 转轨　　　　　　zhuǎn guǐ　　change the course
    指从一种工作轨道转到另一种工作轨道。
19. 培育　　　(动)　　péiyù　　develop
20. 拓宽　　　(动)　　tuòkuān　　widen
21. 健全　　　(形)　　jiànquán　　perfect
22. 门路　　　(名)　　ménlù　　way
23. 奠定　　　(动)　　diàndìng　　establish; lay

专　　名

1. 济南　　　　　　　　Jǐnán　　　　　　　　城市名
   name of a city

2. 劳动部　　　　　　　Láodòngbù　　　　　　机关名
   Ministry of Labour

练　　习

一、画线连词：

出台	力度	保障	本质
分流	基础	列入	渠道
奠定	人员	抓住	安全
加大	政策	拓宽	计划

二、选词填空：

　　　控制　实现　实施　创举　面临　关系到

1. 我国再就业工程组织_____一年多来，已经取得重大阶段性成果。
2. 全国已组织500万失业职工和企业富余人员参加，其中243万人_____了再就业。
3. 我国是一个人口大国，劳动力资源增长快，就业问题一直是_____经济和社会发展的重大问题。
4. 我国_____着十分艰巨的就业任务。
5. 实施再就业工程是一项利国利民的大事，是推动改革、促进就业的一项_____。
6. "九五"期间，国家力争将城镇失业率_____在4%左右。

三、选择课文中下列自然段的主要意思：

1. 第2段　　A　B　C　D
2. 第3段　　A　B　C　D
3. 第4段　　A　B　C　D
4. 第5段　　A　B　C　D

A　党中央、国务院十分重视就业问题，国家明确规定"九五"期间宏观调控的具体目标。
B　1996年至1998年，我国再就业工程的工作重点。
C　我国再就业工程实施一年来取得的成效。
D　就业是个重大问题，我国正面临着十分艰巨的就业任务。

四、选择正确答案：

1. 我国再就业工程组织实施一年多来，已取得重大阶段性成果。这表明我国再就业工程
   A　部分成功　　　　C　还没成功
   B　完全成功　　　　D　难以成功

2. 国有企业吸纳就业能力减弱的主要原因有以下几项。请找出其中错误的一项。
   A　经济增长方式的转变　　C　企业改革的深化
   B　农村劳动力的转移　　　D　产业结构的调整

3. 中国目前就业任务十分艰巨的原因有
   A 2个　　　　　　　　C 5个
   B 3个　　　　　　　　D 7个
4. "九五"期间,国家在促进就业和控制失业方面应达到的具体目标涉及到以下几项。请指出无关的一项。
   A 城镇就业人数的增加和失业率的控制
   B 企业富余人员的分流
   C 农村剩余劳动力的安排
   D 困难企业职工的基本生活的保障
5. 1996年至1998年,国家再就业工程的工作重点,从大的方面看应该有
   A 2个　　　　　　　　C 4个
   B 3个　　　　　　　　D 5个

五、快速阅读:

安徽高校免费为下岗职工"充电"

今夏,安徽省将有一批只有初高中文化的下岗职工,跨入高等学府大门,免费接受岗位技能培训。两个月后,他们将揣着"培训文凭"走上再就业之路。

这次培训是安徽省总工会、省教委联手"策划"为下岗职工造福的活动。

今年七八月份由当地的7所高校免费为下岗职工开展计算机操作、家电维修、服装裁剪、装潢工艺、烹饪和汽车摩托车修理等专业技能的培训。据悉,素有"学历教育"传统的正规高校转向实用型岗位技能培训,这在全国尚无先例。

节选自1997年7月12日《文汇报》

阅读（一）

京城招"商嫂"
昨3000余下岗女工涌入市职业介绍中心

本报讯（记者马北北）继上海"空嫂"之后,北京市劳动局和北京红苹果点点利商贸集团在下岗女工中招"商嫂"在京城引起反响。4月15日,北京市职业介绍服务中心被前来报名当"商嫂"的3000名下岗女工挤破了门。

记者在报名现场见到了北京印染厂35岁下岗女工郑秀兰,她告诉记者:"下岗已经3年了,一直找不到工作。现在找工作,不是挑长相,就是要个头儿,像我们这样没学历又没专长的女工没有单位要,这次招'商嫂'挺好,为我们下岗女工提供了一次就业机会。"

36岁的杨冬玲是北京装饰布厂的下岗女工。她和同厂500多名职工已经在家三四年了。她说:"在家呆着,光靠170元怎么都不够,报名当'商嫂'我只图有个班上,有口饭吃。"

北京毛线厂劳资部门负责同志带着厂

里120名女工前来报名。她说:"我们纺织系统女工能吃苦,待遇要求低,我相信她们走到新的工作岗位上一定会珍惜这次机会,干出成绩。"

为什么"红苹果"专招收下岗女工呢?年仅29岁的集团董事长刘鸿鹄说:"'红苹果'是一家大型股份制企业,近期将有100家连锁店在北京市居民区开业。'红苹果'定位于普通老百姓。它除了为附近居民提供商业零售服务,还将为居民提供综合的家政服务,力争成为社区服务中心。而'商嫂'们朴素大方的形象正好与企业定位吻合。另外,下岗女工有着丰富的工作经验,有过下岗的经历,她们会更加珍惜这次就业机会。我们愿意尽可能地招收下岗女工,让她们在社会上重新上岗定位。"

"红苹果"这次将招聘2000至2500名下岗职工,其中70%是女工。招收对象是35岁以上女工和40岁以上男工。今后下岗再就业的"商嫂"将占"红苹果"职工人数的60%以上。据悉,"红苹果"是北京市首家从工业系统下岗职工中招工的商业企业,招工数额之大,在全国也属少见。

据市劳动部门介绍:目前北京市下岗人员已达10万人,其中年龄在30—40岁女性居多。如何解决这些人的再就业是政府、企业及社会共同面临的问题。

据悉,为了鼓励再就业工程,鼓励用人单位招聘失业人员和下岗人员,市有关部门将给予用人单位一次性工资补助费。

选自1996年4月16日《中国青年报》

生　　词

1.	商嫂	(名)	shāngsǎo	saleswoman
2.	下岗		xià gǎng	be out of work
3.	空嫂	(名)	kōngsǎo	air hostess
4.	反响	(名)	fǎnxiǎng	repercussion
5.	长相	(名)	zhǎngxiàng	looks; features
6.	个头儿	(名)	gètóur	size; height
7.	单位	(名)	dānwèi	unit
8.	吃苦		chī kǔ	bear hardships
9.	待遇	(名)	dàiyù	treatment
10.	珍惜	(动)	zhēnxī	treasure
11.	董事长	(名)	dǒngshìzhǎng	chairman of the board
12.	股份制	(名)	gǔfènzhì	stock system
13.	家政	(名)	jiāzhèng	household management
14.	吻合	(动)	wěnhé	be identical

专　　名

1. 北京市劳动局　　Běijīng Shì Láodòngjú　　机构名
Beijing Municipal Bureau of Labour

2. 北京红苹果点点利商贸集团　　Běijīng Hóngpíngguǒ　　企业名
　　　　　　　　　　　　　　　Diǎndiǎnlì Shāngmào　　name of an enterprise
　　　　　　　　　　　　　　　Jítuán

判断正误

1. 京城招聘"商嫂"受到3000名下岗女工的热烈欢迎。（　　）
2. 下岗女工郑秀兰抱怨招工不管长相，只要个子高。（　　）
3. 北京装饰布厂的500名职工下岗后，完全失去了经济来源。（　　）
4. 杨冬玲报名当"商嫂"的目的只是为了有工作，有饭吃。（　　）
5. "红苹果"愿意招收下岗女工的原因，是因为她们能吃苦，待遇要求低。（　　）
6. "红苹果"只招聘3000名下岗女工中的70%。（　　）
7. 今后，"红苹果"职工中的妇女将超过60%。（　　）
8. 解决下岗人员的再就业问题要求依靠政府、企业及社会的共同努力。（　　）

阅读（二）

旧观念成为再就业障碍

罗淑兰

　　下岗职工择业、就业观念陈旧，已成为再就业工作的一大障碍。

　　不久前，在西城职介中心周三下岗职工专场洽谈会上，百多亲清洗公司招聘保洁工、清洗工各15名，前来咨询了解情况人较多，真正填写报名表的却寥寥无几，愿意到该公司上班的只有几人。

　　有的下岗职工说，她只要呆在自己厂里不走，到老也有保障，如果应聘到该公司上班，虽然收入增加了，但干的是侍候人的话，又脏、又累，有的还说尽管在厂里没活干，拿70%的下岗工资，可毕竟落个清闲。一名已上班十多天的女工找到该公司经理说不想干了，太累，实在是受不了！公司负责人说："我们之所以招聘下岗职工，一是可以为国家安排富余职工挑点担子，二是下岗职工会珍惜再就业机会，第三，下岗职工比较能吃苦。"结果万万没料到，她们也这么挑剔、娇气。

　　已经数次光顾西城职介中心30岁的姜女士，原是一企业的技术主管，因企业转产和其它原因加入了下岗职工的行列中，她在招聘会上，与好几个单位洽谈过，总是认为她在原单位的工作体面，自己有文凭，有职称，又是技术主管，而洽谈的几家单位却只能把她放在一般的工作岗位上。

　　由此看来，对招聘单位情况知之甚少、期望值过高、回味过去的辉煌、传统择业观的羁绊等因素，使许多失业者和下岗待业人员，失去了可能得到的一份适合自己的职业机会，而至今还在招聘市场圈外悠荡。富余人员难安置只是一方面，旧观念对富余人员分流、安置形成阻碍,更是不可小视的压力和负担,再就业必须更新观念。

选自 1996 年 4 月 18 日《北京青年报》

生 词

1. 障碍	(名)	zhàng'ài	obstruction
2. 择业		zé yè	choose a job
3. 陈旧	(形)	chénjiù	outmoded
4. 保洁工	(名)	bǎojiégōng	street cleaner
5. 咨询	(动)	zīxún	consult
6. 填写	(动)	tiánxiě	fill in
7. 寥寥无几	(成)	liáoliáo wú jǐ	very few
8. 清闲	(形)	qīngxián	idle
9. 担子	(名)	dànzi	load
10. 娇气	(形)	jiāoqì	delicate
11. 光顾	(动)	guānggù	patronize
12. 转产		zhuǎn chǎn	change the line of production
13. 体面	(形)	tǐmiàn	dignity; face
14. 文凭	(名)	wénpíng	diploma
15. 期望值	(名)	qīwàngzhí	hope; expectation
16. 辉煌	(形)	huīhuáng	brilliant
17. 羁绊	(动)	jībàn	fetter
18. 悠荡	(动)	yōudàng	loaf about

专 名

| 1. 西城区职介中心 | Xīchéng Qū Zhíjiè Zhōngxīn | 机构名 name of a institution |
| 2. 百多亲清洗公司 | Bǎiduōqīn Qīngxǐ Gōngsī | 公司名 name of a company |

回答问题

1. 对下岗职工来说,再就业的主要障碍是什么?
2. 使许多失业者和下岗待业人员失去就业机会的原因是什么?

阅读（三）

两万海外人士跨国就业上海

夏儒阁　王姣姣

每天，在上海上班的人潮中，可以看到有许多西装革履的外籍人士，拎着公文包，和众多上海人一样步履匆匆。他们大都是上海的中外合资公司和外商办事处聘用的职员。

随着上海经济的快速发展，许多"老外"纷纷到上海工作。

自今年5月上海实行外国人在沪工作就业许可证和就业证制度以来，已有3000多名外国人取得了就业证。办讫就业许可证即将来沪工作的外国人也达300多人。

迄今，已有近两万名外国人和台港澳地区人士在沪就业。

这些在沪就业的外国人大都来自欧美、日本、菲律宾、马来西亚、新加坡等10多个国家。

他们主要集中在4000余家外国商社驻上海的办事处和两千多家合资企业，90%以上为中高级管理人员和高级技术工程人员，另外还包括一部分特殊技术人才，他们均经过了上海市劳动部门的审定。

上海市劳动局外国人就业管理办公室主任顾坤生介绍说，跨国就业的模式，往往是衡量一个国家经济发展的标准之一。外国人来沪就业人数的逐年增加，从一个侧面反映了上海经济的迅速发展，并且逐步与世界经济大潮相融汇。

近年来，越来越多的外国人来沪就业，不仅有利于引进资金、设备、技术项目等硬投资，而且带来了管理经验、信息、文化等软投资，这有利于上海经济的多元化发展和文化事业的繁荣。

选自1996年11月1日《人民日报》（海外版）

生　词

1. 海外	（名）	hǎiwài		overseas; abroad
2. 西装革履		xīzhuānggélǚ		be dressed in a trim uniform
3. 聘用	（动）	pìnyòng		engage
4. 商社	（名）	shāngshè		commercial firm
5. 审定	（动）	shěndìng		examine and approve
6. 侧面	（名）	cèmiàn		aspect
7. 反映	（动、名）	fǎnyìng		reflect; mirror
8. 大潮	（名）	dàcháo		tide; trend
9. 融汇	（动）	rónghuì		join

10. 硬投资	yìng tóu zī	hard investment
11. 软投资	ruǎn tóu zī	soft investment

专 名

上海	Shànghǎi	城市名 name of a city

☐ 回答问题

1. 来上海工作的外国人为什么在逐年增加？
2. 越来越多的外国人在上海就业，对上海的经济和文化有什么影响？

第二十课

提示：
新中国在1950年颁布了婚姻法，1980年进行了修改。婚姻法的颁布实施，为男女青年婚姻自由提供了法律保障。由于经济的发展，人民生活水平的提高，人们的婚姻观念和婚礼仪式也随之变迁。

课　文

婚 礼 变 迁

□ 逸　云

五六十年代：这个时期的婚礼大多热情而简朴。下班后，一斤糖，一壶茶，几个朋友坐下聊聊，晚上把两张单人铺盖并在一起，就算结了婚，第二天一早仍旧上班。在那个一切以工作为重的年代，稍稍的修饰都会被认为是"小布尔乔亚"。这期间，大多数人没有结婚照，因当时的结婚证书不需要贴照片。在笔者碰到的12位已当爷爷奶奶的老人中，能拿出两人当年结婚时照片的只有两位。其中一张让人难以忘怀。据它的主人说，这张照片到他们孩子十岁了才放进相册，因为怕人笑话。

照片上的女人笑靥如花，男人则英俊潇洒。据说他们当时在照相馆里并排而坐，只是摄影师采用了侧面的角度，照片上他俩的头显得相互依偎。

70年代中期以前：这是物质匮乏而又思想禁锢严重的年代，人们不放弃一切机会表明自己的忠诚。此时结婚照上的两人大多身着旧军装，胸佩毛主席像章。他们也请人吃饭，那大多是新人亲自操勺，亲朋好友小聚。这时"三转一响"——凤凰自行车、上海牌手表、蜜蜂牌缝纫机和红灯牌收音机，加上"三十六条腿"——双人床、大衣柜、五斗橱、床头柜、吃饭桌和四条板凳是人们新婚时追求的理想。

80年代：物质开始丰富，改革开放带来生活的改善，人们腰包渐鼓，但娱乐生活相对贫乏。婚礼的最主要形式是请客吃饭。不少人开始以大肆宴请来炫耀自己的财富。一个婚礼甚至有请上几百人的。这时的新人开始穿洁白的婚纱拍照，但价格一般在百元左右；人们也开始蜜月旅游，但走不出国界。

90年代初：个人收入逐年增多，各种围绕婚礼的商业机构不断派生，婚礼进入多元化时代。令人萌生浪漫情怀的海底潜水婚礼、跳伞婚礼、滑雪婚礼、植同心树的植树婚礼，各个婚庆公司举办的中式、西式、中西合璧式等婚礼，吸引了许许多多的青年。他们津津有味，乐此不疲。

现在：物质及精神生活的极大丰富，培养出一批成熟的消费者。人们发现商家营造出的浪漫情调往往免不了雷同与乏味，于是新人们开始自己着手操办婚礼，并按自己的意愿选择婚礼方式，他们开始注重自己的感受：选择婚纱摄影，是为锁住自己美丽的瞬间，尽管花钱不菲；蜜月旅行，是为打开自己的视野，见识外面精彩的世界；请朋友精致小酌，是为了与亲友共享喜悦。更多的青年人认为，重要的是把握一种好的自我感觉。

选自1997年5月31日《中国青年报》

生 词

1.	婚礼	（名）	hūnlǐ	wedding
2.	变迁	（动）	biànqiān	change
3.	简朴	（形）	jiǎnpǔ	plain
4.	铺盖	（名）	pūgai	bedding
5.	稍稍	（副）	shāoshāo	a little
6.	修饰	（动）	xiūshì	decorate
7.	结婚照	（名）	jiēhūnzhào	wedgding photo

男女结婚时的合影。

8.	忘怀	（动）	wànghuái	forget
9.	相册	（名）	xiàngcè	photo album
10.	笑靥	（名）	xiàoyè	smiling face
11.	英俊	（形）	yīngjùn	handsome
12.	依偎	（动）	yīwēi	lean close to
13.	匮乏	（形）	kuìfá	deficient
14.	禁锢	（动）	jìngù	confine
15.	放弃	（动）	fàngqì	give up
16.	忠诚	（形、动）	zhōngchéng	loyal
17.	三转一响		sān zhuàn yī xiǎng	wrist watch, bike, sewing machine and radio-gramophone

中国民间对一度时兴的几种家庭生活用品的戏谑用语。"三转"指能够转动的手表、自行车和缝纫机；"一响"指有音响的收音机。

18.	追求	（动）	zhuīqiú	seek; pursue
19.	贫乏	（形）	pínfá	poor
20.	大肆	（副）	dàsì	without restraint
21.	炫耀	（动）	xuànyào	show off
22.	洁白	（形）	jiébái	pure white

23. 婚纱	（名）	hūnshā	wedding gown
结婚时新娘穿的一种特制的礼服。			
24. 蜜月	（名）	mìyuè	honeymoon
25. 萌生	（动）	méngshēng	come into being
26. 浪漫	（形）	làngmàn	romantic
27. 津津有味	（成）	jīnjīn yǒu wèi	with keen pleasure
形容特别有兴趣。			
28. 乐此不疲	（成）	lè cǐ bù pí	always enjoy it
对某一事物发生兴趣,沉溺其中,不觉疲倦。			
29. 雷同	（形）	léitóng	duplicate
30. 瞬间	（名）	shùnjiān	in the twinkling of an eye
31. 精致	（形）	jīngzhì	fine；delicate
32. 把握	（动、名）	bǎwò	hold；certainty

练　　习

一、画线连词：

放弃	时髦	萌生	感觉
追求	婚事	炫耀	杂念
操办	手法	选择	财富
采用	机会	把握	伴侣

二、选词填空：

打开　简朴　匮乏　放弃　采用　培养　炫耀　操办　选择

1. 五六十年代：这个时期的婚礼大多热情而_____。
2. 据说他们当时在照相馆里并排而坐,只是摄影师_____了侧面的角度,照片上他俩的头显得相互依偎。
3. 70年代中期以前：这是物质_____而又思想禁锢严重的年代,人们不_____一切机会表明自己的忠诚。
4. 不少人开始以大肆宴请来_____自己的财富。
5. 物质及精神生活的极大丰富,_____出一批成熟的消费者。
6. 人们发现商家营造出的浪漫情调往往免不了雷同与乏味,于是新人们开始自己着手_____婚礼,并按自己的意愿_____婚礼方式。
7. 蜜月旅行,是为_____自己的视野,见识外面精彩的世界。

三、读后填空：

1. 一斤糖,一壶茶,几个朋友坐下聊聊,晚上把两个单身铺盖合并在一起,就算结婚了。大多数人连张结婚照也没有。婚礼十分简朴,但也不乏热情。
   　　这是_____婚礼的主要特征。
2. 在政治思想色彩较浓的时代,人们总是利用各种机会来表明自己的忠诚,就连结婚照上的新人也大多身着旧军装,胸佩毛主席像章。请亲朋好友小聚,也多是新人亲自操勺。

这是_____婚礼的主要特征。
3. 由于物质已较前大大丰富,不少新人为了炫耀自己,便大肆宴请众多宾客。新人开始穿婚纱拍照,也有蜜月旅游的。
这是_____婚礼的主要特征。
4. 随着个人收入的不断增多,婚礼也进入了多元化。人们萌生具有浪漫情怀的海底潜水婚礼、跳伞婚礼等,许多新人乐于参加各个婚庆公司举办的各种形式的婚礼。
这是_____婚礼的主要特征。
5. 由于物质及精神生活的极大丰富,人们已不满足于婚庆公司举办的各种形式的婚礼了,于是新人们开始自己操办婚礼,并按自己的意愿选择婚礼方式,开始注重自己的感受。不少人选择婚纱摄影、蜜月旅行或请亲朋好友小酌等。
这是_____婚礼的主要特征。

四、依据句子内容回答问题:
1. 一斤糖,一壶茶,几个朋友坐下聊聊,晚上把两个单身铺盖并在一起,就算结了婚。
问:这样的婚礼如何?
2. 在那个一切以工作为重的年代,稍稍的修饰都会被认为是"小布尔乔亚"。
问:那时人们还敢把自己打扮的更漂亮些吗?为什么?
3. 不少人开始以大肆宴请来炫耀自己的财富。
问:不少人为什么要大肆宴请?
4. 人们发现商家营造出的浪漫情调往往免不了雷同与乏味,于是新人们开始自己着手操办婚礼。
问:新人们为什么自己操办婚礼?
5. 蜜月旅行,是为了打开自己的视野,见识外面精彩的世界。
问:新人们为什么要蜜月旅行?

五、快速阅读:

征 婚

●女,34岁,高1.67米,大专毕业,京某事业单位任职,貌端气质佳,高知家庭,未婚,温柔善解人意。觅1.73米以上,40岁以下,重感情,事业有成,北京工作的未婚男士为友。信寄北京海淀区学院路丁11号66号信箱张成山收转。邮编:100083

选自1997年第6期《中国妇女》

阅读 (一)

女儿当红娘 妈妈做新娘

袁久伟

1995年12月24日早晨。莒南县十字路镇温水泉村。

"噼噼啪啪……"迎娶新娘的鞭炮声把一些村民吸引到一农户家门口。围观的人感到很惊奇:新娘窦家英下车入洞房时,竟然领着三个孩子,大女孩刘佳20岁,二女孩18岁,小男孩子6岁,新娘45岁,新郎蒋立江46岁。原来是寡妇再嫁。

入洞房后,人们哄笑着找"红娘"介绍新郎新娘恋爱经过,更令人们惊奇的是:"红娘"竟是新娘窦家英的大女儿刘佳。端庄秀丽的刘佳羞红着脸、又大方的笑着,介绍说:"我父亲前年去世后,家里生活陷入困境。为了挣钱补贴家用,我和妹妹于去年都来到十字路镇打工。由于弟弟小,地里的5亩责任田、林场,家里的鸡、鸭、猪等活,里里外外都靠妈妈一个人忙活。妈妈常常早晨天不亮就起床,陀螺似的忙活一天,晚上很晚才休息。一天,妈妈刨地时不小心把自己的脚趾甲刨掉一个,痛得只能拄着拐走路,她还是不敢歇一天,两年的劳累时光使她急剧衰老,40多岁的人竟像50多岁的人,从去年初,我就起了一个念头:为妈妈再找一个对象……

"今年5月底,我到棉纺厂打工,看到同班打工的中年农民蒋立江寡言少语,非常能干,不耍滑头,厂领导、工人都很尊重他。当了解到他至今仍是光棍一人时,我就问他:叔,我有个姨守寡了,年龄相当,给你撮合一下行吗?他憨厚的笑道:我家很穷……看他同意了,我才告诉他:守寡的不是我姨,是我妈。当时他就笑了:真是少见你这种闺女,给妈妈当红娘。谢谢你,谢谢你……"

听到这里,闹洞房的人朝着新郎蒋立江哈哈大笑起来。这时,新娘窦家英禁不住插话说:"以前别人曾劝我改嫁,我一是担心女儿阻拦,二是担心难再找到好人,就死了改嫁的念头。现在,女儿不但不阻拦,还给我当红娘,再加上我相信女儿的眼光不会错,就嫁过来了。"

在众人的欢声笑语中,围观的人群中有一农妇悄悄的流下两串酸涩的泪。知情人说:她也是寡妇,她儿女嫌她改嫁丢人现眼,硬是不让她改嫁……相比之下,闺女刘佳真是太善解人意、太开明了,她的妈妈窦家英真是太幸运、太幸福了。

选自1996年2月14日《经济日报》

生　　词

1. 红娘	(名)	hóngniáng	go—between; matchmaker
2. 围观	(动)	wéiguān	look on
3. 惊奇	(形)	jīngqí	be suprised
4. 洞房	(名)	dòngfáng	bridal chamber
5. 寡妇	(名)	guǎfu	widow
6. 端庄	(形)	duānzhuāng	dignified
7. 秀丽	(形)	xiùlì	beautiful
8. 大方	(形)	dàfang	generous
9. 陷入	(动)	xiànrù	sink into
10. 补贴	(动)	bǔtiē	subsidy
11. 责任田	(名)	zérèntián	responsibility field
12. 陀螺	(名)	tuóluó	top（a toy）
13. 急剧	(形)	jíjù	rapid; sharp
14. 念头	(名)	niàntou	thought; idea
15. 滑头	(形)	huátóu	slick

16. 光棍儿	（名）	guānggùnr	bachelor
17. 守寡		shǒu guǎ	remain a widow
18. 撮合	（动）	cuōhe	make a match
19. 憨厚	（形）	hānhòu	simple and honest
20. 改嫁		gǎi jià	(of a woman) remarry
21. 欢声笑语	（成）	huānshēng xiàoyǔ	happy laughters and cheerful voices
22. 酸涩	（形）	suānsè	pained
23. 丢人现眼		diū rén xiàn yǎn	make a fool of oneself
24. 开明	（形）	kāimíng	enlightened

专　名

温水泉村　　　Wēnshuǐquáncūn　　　村名 name of a village

判断正误

1. 新娘窦家英原是一位农村寡妇,她与前夫共生了三个孩子。（　）
2. 棉纺厂工人蒋立江寡言少语,非常能干,大家都很尊重他。（　）
3. 窦家英的女儿刘佳主动提出要给蒋立江介绍对象。（　）
4. 蒋立江听说刘佳给他介绍的对象正是刘佳的妈妈时,便高兴地答应了。（　）
5. 在前夫去世后,窦家英希望再嫁一位新人。（　）
6. 像刘佳那样善解人意、非常开明的闺女,像窦家英那样十分幸运的农村寡妇在社会上还不多见。（　）

阅读（二）

离婚的代价
——"高价协议离婚"现象浅析
罗　西

　　不少先富起来的人有了钱之后,便嫌弃原配,于是,开始找情人,养二奶。后来,似又觉得这样做有些名不正言不顺,便下定决心要离婚。他们最惯用的手段是:给你钱,让你不愁后半辈子的生活,用以买个和平分手,各得其所。

这就是时下日渐"时髦"的"高价协议离婚"。

笔者曾采访过一对"高价协议离婚"的当事人,让他们谈谈自己的情况。因为众所周知的原因,在这里笔者暂隐去他们的真实姓名。

王大义原只是个祖辈几代面朝黄土背朝天的农民,后来靠做包工头,成了暴发户。他与妻子有一儿一女,两人从前还是挺恩爱的,用他妻子的话说就是:"我们曾经同甘共苦。"

可是有钱以后,王大义看不起妻子了,认为她粗俗,不会打扮,给她钱,也只会吃……总之,王大义怎么看妻子都不顺眼。后来,他妻子听人家说,王大义在外面包了个"二奶",一天晚上,待丈夫酒足饭饱之后,她小心翼翼地询问丈夫是否有此事,王大义听后十分恼怒,冲着她便是一通吼叫。

一天,王大义开着车回到家中,没好气地扔给她一张表格,叫她签字按手印。看着丈夫对她那一脸的不耐烦,她才意识到他们的婚姻已经无法挽回。王大义最终还是成功了,只是略微破了点小财:给妻子一套房子和5万元人民币,另外给她20万元养育两个孩子。

近50万元,一个女人就被打发走了,我问她有什么想法,她哭着说:"有什么办法,只好认命了,我没本事,管不了他,如果等到他吃喝嫖赌,把钱全花光了,我不是更惨?"她摊开双手无奈地叹息道。

笔者找到王大义时,他正拿着手提电话与人聊天。待我说明来意后,他便理直气壮地对我说:"我没有亏待她!"说完,便匆匆离去。看来,他心里并不感到内疚,反而觉得便宜了前妻。

大多数的高价协议离婚情况是:男的财大气粗,在家里有发言权;女的温顺柔弱,多为家庭主妇。男方觉得高价协议离婚已是仁至义尽;女方则往往无可奈何,或认为"有钱总比没钱好"。

对此,有人提出女人们单单靠破口大骂"有钱的男人会变坏"是不够的,在新的社会环境下,只有自立才有自尊,才可以真正实现男女平等,使自己立于不败之地,才不会沦为可怜巴巴的"弃妇"。

节选自1997年3月21日《法制日报》

生　　词

1.	嫌弃	(动)	xiánqì	cold-shoulder
2.	原配	(名)	yuánpèi	first wife
3.	惯用	(动)	guànyòng	habitually practice; consistently use
4.	各得其所	(成)	gè dé qí suǒ	each is in his proper place
5.	时髦	(形)	shímáo	fashionable
6.	包工头	(名)	bāogōngtóu	labour contractor
7.	暴发户	(名)	bàofāhù	upstart
8.	同甘共苦	(成)	tóng gān gòng kǔ	share joys and sorrows
9.	粗俗	(形)	cūsú	vulgar
10.	顺眼	(形)	shùnyǎn	pleasing to the eye
11.	小心翼翼	(成)	xiǎoxīn yìyì	with great care
12.	恼怒	(动)	nǎonù	be angry
13.	手印	(名)	shǒuyìn	fingerprint
14.	无奈	(形)	wúnài	have no alternative
15.	理直气壮	(成)	lǐ zhí qì zhuàng	with justice on one's side, one is bold and assured
16.	亏待	(动)	kuīdài	treat unfairly
17.	内疚	(形)	nèijiù	have the compunction
18.	仁至义尽	(成)	rén zhì yì jìn	do everything called for by humanity

			and duty
19. 无可奈何 （成）	wú kě nài hé		have no way out
20. 破口大骂 （成）	pò kǒu dà mà		shout abuse
21. 立于不败之地（成）	lì yú bú bài zhī dì		be in an impregnable position

回答问题

1. 什么是"高价协议离婚"？
2. 王大义为什么看不起妻子了？
3. 妻子为什么也同意离婚？

阅读（三）

浓浓夫妻情

周良武　李正华　龙红平

10月的一天，我们慕名来到武汉市蔡甸区侏儒镇薛山村4组青年农民姚中华的家，只见姚中华正抱着病残的妻子郑荣方在房中踱步。当郑荣方了解到我们的来意之后，她含着热泪对我们说："是我丈夫把我从死神手里拉了回来。"

姚中华和郑荣方是1984年元月结婚的，两人结婚后，恩恩爱爱。几年时间，夫妻俩用勤劳的双手盖起一幢两层楼房。可是天有不测风云，1992年12月的一天，郑荣方突然感到全身麻木，不能站立，姚中华第二天就把妻子送到武汉某医院进行治疗，谁知不仅病情不见好转，郑荣方反而瘫痪在床，生活不能自理。为了给妻子治好病，姚中华跑遍了湖北全省所有的大医院，寻找了10多个县、市民间偏方，最后还是被有关大医院的权威专家教授确诊为不治之症。

自郑荣方瘫痪之日起，为了支撑这个家，姚中华克服了许多常人难以克服的困难。郑荣方吃饭、喝水要人喂、屙尿拉屎要人端，洗澡更是离不开人，加之姚中华上有六七十岁的老母亲，下有不到10岁的小孩，还有三亩责任田要耕种，全家的担子都落到了姚中华一人肩上。他除了放牛、做饭、担水、洗衣、种责任田之外，最难的是照料病中的妻子。郑荣方因瘫痪无力大便不能自排，姚中华每天都要用手指把大便抠出来。郑荣方晚上常常不能入睡，姚中华根据民间偏方，每天晚上睡觉前，都给她从手指开始按摩，一直到脚趾，往复几次，每次按摩两个小时，然后用热毛巾热敷近一个小时，这样郑荣方才能安睡几个小时。

在这三年时间里，姚中华从来没有变过脸色，从来没有发过脾气。在他的精心照料下，今年5月郑荣方已能够被扶起坐一坐，能用手端碗慢慢地吃饭喝水。自妻子的病情好转后，姚中华的照料更加细心周到。他每天都把妻子抱到室外转一转，天气暖和时，就把妻子抱到树荫下、责任田边坐一坐，扶起来站一站，帮助她伸伸腰，伸伸腿，让妻子活动活动。郑荣方看到丈夫姚中华为自己牺牲得太多，几次都对丈夫说："我连累了你，你还是让我去死，你再找一个女人，也还可以帮你一把。"她几次寻短见都被姚中华发现后劝说制止。姚中华看到妻子的做法，不是埋怨，而是安慰开导，深情地对她说："你的病是有希望

163

治好的,你要有信心活下去。我虽然吃了很多苦,但这是我做丈夫的责任和义务。"

节选自 1996 年 12 月 7 日《人民日报》

生　词

1. 绝症	（名）	juézhèng	incurable disease
2. 死神	（名）	sǐshén	Death (personified)
3. 浓浓	（形）	nóngnóng	dense; thick
4. 天有不测风云	（成）	tiān yǒu bù cè fēngyún	a storm may arise from a clear sky—something unexpected may happen any time
5. 麻木	（形）	mámù	numb
6. 瘫痪	（动）	tānhuàn	paralysis
7. 自理	（动）	zìlǐ	take care of or provide for oneself
8. 偏方	（名）	piānfāng	folk prescription
9. 确诊	（动）	quèzhěn	diagnose
10. 常人	（名）	chángrén	ordinary person
11. 按摩	（动）	ànmó	massage
12. 热敷	（动）	rèfū	hot compress
13. 连累	（动）	liánlěi	involve
14. 埋怨	（动）	mányuàn	blame; complain
15. 安慰	（动）	ānwèi	comfort
16. 开导	（动）	kāidǎo	enlighten
17. 义务	（名）	yìwù	duty; obligation

专　名

1. 薛山村	Xuēshāncūn	村名 name of a village
2. 武汉	Wǔhàn	城市名 name of a city
3. 湖北	Húběi	省名 name of a province

回答问题

1. 妻子生病后,姚中华是如何帮妻子治病的?
2. 举例说明姚中华是如何关心照顾妻子的?

部分练习答案

第一课

一、画线连词：

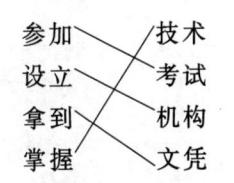

参加——技术 增加——仪器
设立——考试 离开——战争
拿到——机构 测试——知识
掌握——文凭 爆发——学校

（连线：参加-考试，设立-机构，拿到-文凭，掌握-技术；增加-知识，离开-学校，测试-仪器，爆发-战争）

二、填写课文涉及到的国家和中国城市名称：

1. 国家名称：
   日本　韩国　意大利　加拿大　澳大利亚

2. 中国城市名称：
   京(北京)　津(天津)　沪(上海)　广州　长春

三、连句：

1. (1)A　(2)C　(3)B
2. (1)B　(2)A　(3)C
3. (1)B　(2)C　(3)A
4. (1)A　(2)C　(3)B
5. (1)C　(2)B　(3)A

四、比较 A、B 两句的意思是否相同：

1. √　2. ×　3. √　4. ×　5. √

阅读(一)，判断正误：

1. √　2. √　3. ×　4. √　5. ×　6. √

第二课

三、比较 A、B 两句的意思是否相同：

1. √　2. ×　3. ×　4. √

四、选择正确答案：

1. C　2. C　3. C　4. D　5. D

阅读(一)，判断正误：

1. ×　2. √　3. √　4. ×　5. ×　6. √

165

第 三 课

一、画线连词：

会见 — 会谈
增进 — 友谊
稳定 — 物价
举行 — 会谈

取得 — 成就
提供 — 条件
维护 — 和平
陪同 — 客人

二、找出下列句中的简称词语：

1. 外长　　东盟
2. 亚欧会议　　亚欧外长会议
3. 外长　　港泰　　中泰
4. 中泰　　经贸　　工矿

四、连句：

1. (1)A　　(2)C　　(3)B
2. (1)A　　(2)C　　(3)B
3. (1)C　　(2)A　　(3)B
4. (1)C　　(2)A　　(3)B

阅读(一)，判断正误：

1. ×　2. √　3. √　4. ×　5. ×　6. √

第 四 课

一、画线连词：

出席 — 会议
受到 — 欢迎
讨论 — 问题
推进 — 合作

主持 — 工作
通过 — 决议
开发 — 资源
制订 — 政策

三、比较 A、B 两句的意思是否相同：

1. √　2. √　3. ×　4. ×

阅读(一)，判断正误：

1. ×　2. √　3. √　4. √　5. √　6. √

第 五 课

一、画线连词：

接见 — 代表
表示 — 感谢
获得 — 金牌
实现 — 计划

总结 — 经验
调整 — 人员
抓紧 — 训练
颁发 — 奖章

166

二、找出句中画线动词的宾语：
　　1．大会　　　2．祝贺　慰问　　3．成绩　　4．技术和方法　　5．奖牌
三、用指定的词语代替句中意思相同(或相近)的词语：
　　1．出席　　2．获得　　3．奥林匹克运动会　　4．国家体育运动委员会
　　5．第九个五年计划
阅读(一)，判断正误：
　　1．√　　2．√　　3．×　　4．×　　5．√　　6．×

第 六 课

一、画线连词：

突破——结构　　　　　表明——榜样
增长——防线　　　　　成为——立场
优化——档次　　　　　保持——能力
提高——知识　　　　　显示——联系

二、选词填空：
　　1．达　　2．比重　由　　3．占　与　　4．顺差
三、判断对语句理解的正误：
　　1．×　　2．×　　3．√　　4．√　　5．√
四、选择正确答案：
　　1．D　　2．A　　3．B　　4．C
阅读(一)，判断正误：
　　1．√　　2．×　　3．√　　4．×　　5．×　　6．√

第 七 课

一、画线连词：

积累——改革　　　　　落实——投资
治理——经验　　　　　发挥——成绩
坚持——帮助　　　　　引导——政策
给予——环境　　　　　创造——作用

二、选词填空：
　　1．考察　　2．提供　　3．发挥　　4．拥有　　5．积累
四、按照课文内容填写：
　　1．与发展农村经济相结合
　　　 与帮助农民勤劳致富奔小康相结合
　　　 与建设文明幸福家庭相结合
　　2．生产　　生活　　生育
　　3．因地制宜　　分类指导
　　4．各地的经济社会条件不同

167

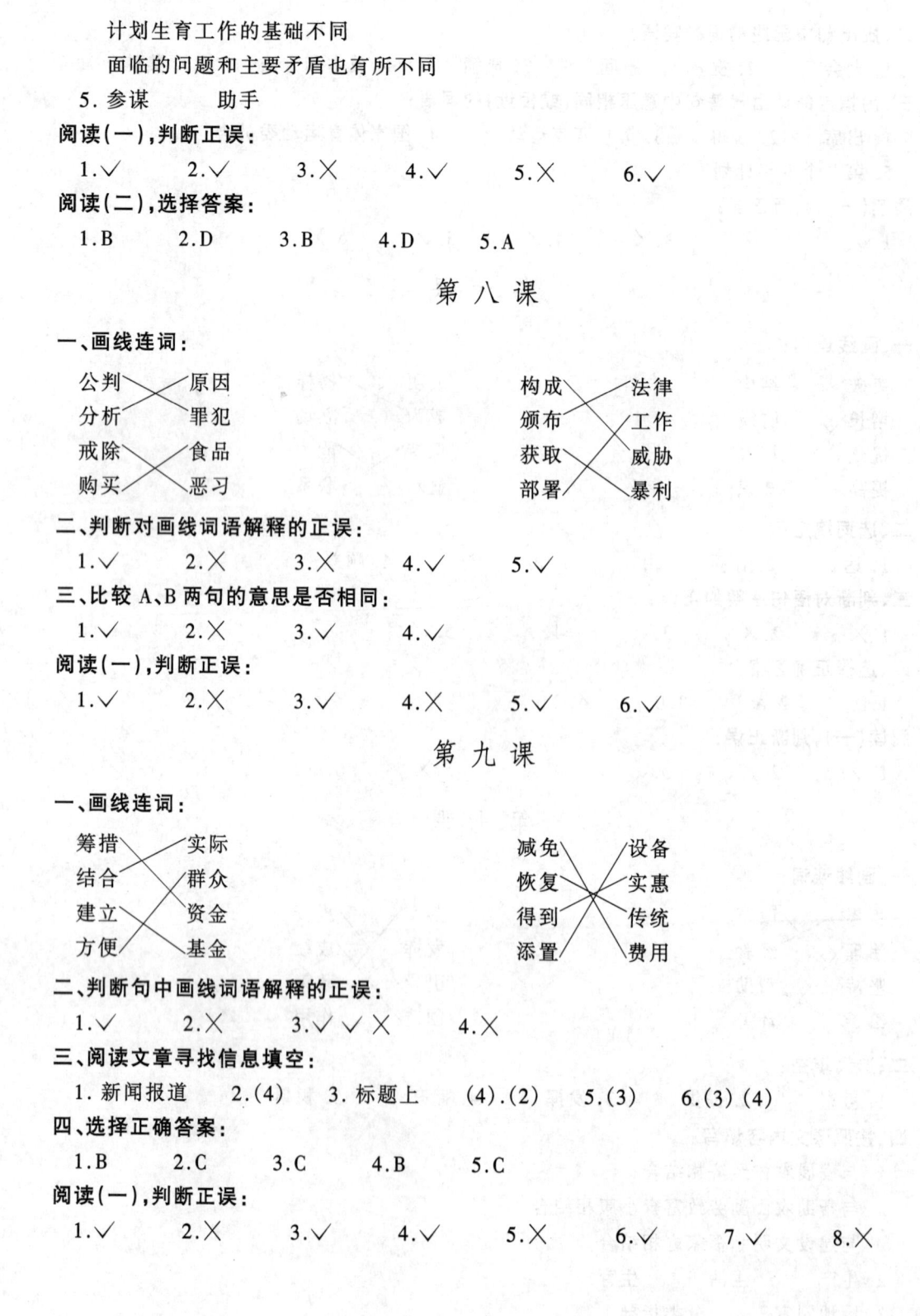

计划生育工作的基础不同
　　　面临的问题和主要矛盾也有所不同
5. 参谋　　　助手

阅读(一),判断正误:
1. ✓　　2. ✓　　3. ✗　　4. ✓　　5. ✗　　6. ✓

阅读(二),选择答案:
1. B　　2. D　　3. B　　4. D　　5. A

第 八 课

一、画线连词:

公判　　原因　　　　　　构成　　法律
分析　　罪犯　　　　　　颁布　　工作
戒除　　食品　　　　　　获取　　威胁
购买　　恶习　　　　　　部署　　暴利

二、判断对画线词语解释的正误:
1. ✓　　2. ✗　　3. ✗　　4. ✓　　5. ✓

三、比较 A、B 两句的意思是否相同:
1. ✓　　2. ✗　　3. ✓　　4. ✓

阅读(一),判断正误:
1. ✓　　2. ✗　　3. ✓　　4. ✗　　5. ✓　　6. ✓

第 九 课

一、画线连词:

筹措　　实际　　　　　　减免　　设备
结合　　群众　　　　　　恢复　　实惠
建立　　资金　　　　　　得到　　传统
方便　　基金　　　　　　添置　　费用

二、判断句中画线词语解释的正误:
1. ✓　　2. ✗　　3. ✓ ✓ ✗　　4. ✗

三、阅读文章寻找信息填空:
1. 新闻报道　2.(4)　3. 标题上　(4).(2)　5.(3)　6.(3) (4)

四、选择正确答案:
1. B　　2. C　　3. C　　4. B　　5. C

阅读(一),判断正误:
1. ✓　　2. ✗　　3. ✓　　4. ✓　　5. ✗　　6. ✓　　7. ✓　　8. ✗

第 十 课

二、选词填空：

1. 人次 2. 人均 3. 尚 4. 创汇 5. 老少边穷

三、连句：

(1) B C A D (2) B D A C (3) C D B A

四、选择正确答案：

1. C 2. C 3. B 4. C 5. C 6. A

阅读(一)，判断正误：

1. √ 2. × 3. × 4. √ 5. √ 6. √

第 十一 课

一、画线连词：

消耗—体力 勘探—资源
困扰—居民 衡量—得失
制定—计划 摸索—经验
探明—煤矿 充满—信心

二、选词填空：

1. 提供 2. 供应 3. 效率 4. 拥有 5. 稳定 6. 充满

三、连句：

1．(1)B (2)A (3)C
2．(1)B (2)C (3)A
3．(1)B (2)C (3)A
4．(1)A (2)C (3)B
5．(1)C (2)B (3)A

四、选择正确答案：

1. C 2. D 3. C 4. B

阅读(一)，判断正误：

1. √ 2. √ 3. × 4. × 5. √ 6. ×

第 十二 课

一、画线连词：

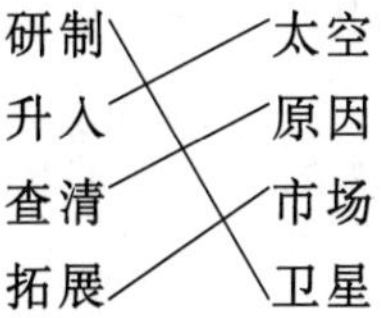

发射—火箭 研制—卫星
进入—轨道 升入—太空
面临—考验 查清—原因
树立—形象 拓展—市场

二、指出句子的主语(中心词)、谓语动词和宾语(中心词)：

1. 卫星/发射/升空 2. 火箭/将卫星/送入/轨道 3. 卫星/是/卫星

169

4．航天/面临/考验

三、阅读课文快速寻找信息填空：
1．标题 2.(2) 3.(3) 4.(4) 5.(7)

四、选择正确答案：
1．A 2．B 3．B 4．A 5．A

阅读(一)，判断正误：
1．√ 2．× 3．√ 4．√ 5．× 6．×

第十三课

一、画线连词：

解决——问题
看到——光明
养活——全家
增产——粮食

调动——积极性
实施——战略
挖掘——潜力
保护——耕地

二、选择句中画线词语的正确解释：
1．B 2．C 3．B 4．A

四、选择正确答案：
1．D 2．B 3．C 4．C

阅读(一)，判断正误：
1．√ 2．× 3．× 4．× 5．× 6．√

第十四课

一、画线连词：

扭转——局面
达到——目的
批准——草案
抑制——膨胀

组织——生产
实现——目标
超过——期限
介绍——经验

二、选词填空：
1．效益 2．产值 3．格局 4．短缺 5．增收 6．回落

四、选择正确答案：
1．C 2．B 3．B 4．D

阅读(一)，判断正误：
1．× 2．√ 3．× 4．× 5．× 6．√ 7．× 8．×

第十五课

一、画线连词：

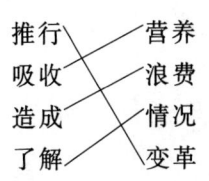

存在——问题
打破——纪录
限制——人数
讲究——卫生

推行——变革
吸收——营养
造成——浪费
了解——情况

二、选择句中画线词语的正确解释：

1.B　　2.B　　3.B　　4.B

四、选择正确答案：

1.B　　2.D　　3.B　　4.B　　5.C

阅读(一)，判断正误：

1.√　　2.×　　3.×　　4.×　　5.×　　6.×　　7.×　　8.√

第十六课

一、画线连词：

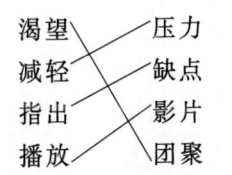

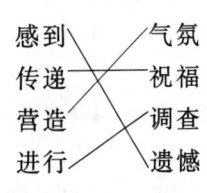

渴望——团聚
减轻——压力
指出——缺点
播放——影片

感到——遗憾
传递——祝福
营造——气氛
进行——调查

二、判断句中画线词语的解释：

1.×　　2.√　　3.×　　4.√　　5.×

四、选择正确答案：

1.B　　2.D　　3.C　　4.C

阅读(一)，判断正误：

1.√　　2.×　　3.×　　4.×　　5.√　　6.√

第十七课

三、阅读课文快速寻找信息填空：

1.标题上　　2.(4)　　3.(5)　　4.(6)　　5.(7)

四、选择正确答案：

1.D　　2.D　　3.B　　4.C　　5.D

阅读(一)，判断正误：

1.×　　2.×　　3.√　　4.×　　5.×　　6.√

第十八课

一、选择画线词语的正确解释：

1.B　　2.A　　3.B　　4.B

171

三、判断 A、B 两句的意思是否相同：

1. ×   2. √   3. ×   4. ×

四、选择正确答案：

1. C   2. A   3. C   4. B   5. D   6. C

阅读(一)，判断正误：

1. ×   2. ×   3. √   4. ×   5. √   6. ×

第十九课

一、画线连词：

出台—力度   保障—安全
分流—人员   列入—计划
奠定—基础   抓住—本质
加大—政策   拓宽—渠道

二、选词填空：

1. 实施   2. 实现   3. 关系到   4. 面临   5. 创举   6. 控制

三、选择课文中下列自然段的主要意思：

1. D   2. A   3. C   4. B

四、选择正确答案：

1. A   2. B   3. B   4. C   5. B

阅读(一)，判断正误：

1. √   2. ×   3. ×   4. √   5. ×   6. ×   7. ×   8. √

第二十课

一、画线连词：

放弃—机会   萌生—杂念
追求—时髦   炫耀—财富
操办—婚事   选择—伴侣
采用—手法   把握—感觉

二、选词填空：

1. 简朴   2. 采用   3. 匮乏   放弃   4. 炫耀

5. 培养   6. 操办   选择   7. 打开

三、读后填空：

1. 五六十年代   2. 七十年代中期以前   3. 八十年代

4. 九十年代初   5. 现在

阅读(一)，判断正误：

1. √   2. ×   3. √   4. ×   5. ×   6. √

生 词 表

词后的数字表示课数,有括号的表示该课的阅读部分。

A

艾滋病	àizībìng	2	按摩	ànmó	20—(3)
安宁	ānníng	8—(2)	奥运	àoyùn	5
安慰	ānwèi	20—(3)	奥运会	àoyùnhuì	17—(1)
安置	ānzhì	17—(3)			

B

把握	bǎwò	20	鞭炮	biānpào	16
百分点	bǎifēndiǎn	18	变革	biàngé	15
拜年	bài nián	16	变迁	biànqiān	20
颁布	bānbù	8	便秘	biànmì	17—(2)
颁发	bānfā	5	标本	biāoběn	12—(2)
半导体	bàndǎotǐ	17—(2)	标语	biāoyǔ	8—(1)
包工头	bāogōngtóu	20—(2)	标志	biāozhì	2—(1)
包扎	bāozā	16—(1)	标准化	biāozhǔnhuà	1
保持	bǎochí	3—(2)	表明	biǎomíng	6
保洁工	bǎojiégōng	19—(2)	表示	biǎoshì	3—(1)
保密	bǎo mì	12—(1)	冰毒	bīngdú	8—(1)
保险绳	bǎoxiǎnshéng	9	冰天雪地	bīngtiān xuědì	10—(2)
保障	bǎozhàng	10—(3)	丙子年	bǐngzǐnián	16—(3)
爆发	bàofā	1	病毒	bìngdú	2
爆满	bàomǎn	16—(2)	病例	bìnglì	9—(2)
暴发户	bàofāhù	20—(2)	并驾齐驱	bìngjià qíqū	10—(1)
暴饮暴食	bàoyǐn bàoshí	15	并举	bìngjǔ	18—(2)
背面	bèimiàn	12—(2)	波段	bōduàn	12
本科生	běnkēshēng	1—(1)	波及	bōjí	2—(1)
本质	běnzhì	7	拨付	bōfù	17—(1)
逼近	bījìn	2—(2)	博士生	bóshìshēng	1—(1)
BP机	bīpījī	16	搏杀	bóshā	5—(1)
笔者	bǐzhě	10—(2)	补偿	bǔcháng	9
比重	bǐzhòng	6	补贴	bǔtiē	20—(1)
必由之路	bì yóu zhī lù	7	补助	bǔzhù	1—(2)

步步为营	bùbù wéiyíng	5—(2)	布局	bùjú	18—(2)
步入	bùrù	10	布设	bùshè	12—(3)
步骤	bùzhòu	15—(2)	不失为	bù shī wéi	16—(2)
部门	bùmén	2	不言而喻	bùyán ér yù	16
部署	bùshǔ	8			

C

彩带	cǎidài	16—(3)	产销率	chǎnxiāolǜ	11—(1)
采购	cǎigòu	14—(1)	产值	chǎnzhí	14
采光	cǎiguāng	15—(2)	阐述	chǎnshù	8—(3)
采集	cǎijí	12—(2)	猖獗	chāngjué	8—(1)
菜点	càidiǎn	16—(3)	常规	chángguī	9
菜篮子	càilánzi	14	常人	chángrén	20—(3)
菜篮子工程	càilánzi gōngchéng	15—(1)	长足	chángzú	3—(2)
			尝试	chángshì	12—(2)
菜谱	càipǔ	15	敞开	chǎngkāi	12—(1)
菜肴	càiyáo	15	倡导	chàngdǎo	3—(3)
菜源	càiyuán	14—(3)	潮流	cháoliú	3—(2)
参谋	cānmóu	7	陈旧	chénjiù	19—(2)
参赛	cānsài	5	衬料	chènliào	18—(1)
参数	cānshù	12—(3)	称道	chēngdào	15
餐盘	cānpán	15—(2)	称号	chēnghào	17
餐饮	cānyǐn	10—(2)	呈	chéng	18
残疾人	cánjírén	17	呈现	chéngxiàn	1—(1)
残联	cánlián	17	承包商	chéngbāoshāng	11—(3)
残留	cánliú	15	承担	chéngdān	17—(3)
灿烂	cànlàn	3—(1)	承认	chéngrèn	6—(3)
草鱼	cǎoyú	14—(2)	成分	chéngfèn	18—(2)
测控	cèkòng	12	成果	chéngguǒ	19
测试	cèshì	1	成效	chéngxiào	4—(3)
测算	cèsuàn	10	惩处	chéngchǔ	8
侧面	cèmiàn	19—(3)	程序	chéngxù	12
层次	céngcì	1—(1)	秤砣	chèngtuó	14—(1)
差距	chājù	10	吃苦	chī kǔ	19—(1)
查阅	cháyuè	17—(2)	吃准	chī zhǔn	9
铲除	chǎnchú	8—(1)	持久	chíjiǔ	3
产量	chǎnliàng	9—(1)	持平	chípíng	6
产销	chǎnxiāo	14			

174

持续	chíxù	4	穿梭	chuānsuō	14—(1)
赤道	chìdào	12—(2)	传播	chuánbō	2
充盈	chōngyíng	14—(2)	传染病	chuánrǎnbìng	15
崇高	chónggāo	17	传输	chuánshū	12
重申	chóngshēn	4—(3)	闯出	chuǎngchū	18—(1)
绸布	chóubù	16—(1)	创办	chuàngbàn	1—(3)
筹措	chóucuò	9	创汇	chuànghuì	10
筹资	chóuzī	16—(1)	创建	chuàngjiàn	12—(3)
出访	chūfǎng	4—(3)	创举	chuàngjǔ	19
出色	chūsè	5	创收	chuàngshōu	7—(3)
出生率	chūshēnglǜ	7—(2)	创造	chuàngzào	10—(3)
出台	chū tái	9	垂青	chuíqīng	15—(3)
出席	chū xí	3—(2)	聪颖	cōngyíng	17—(2)
出游	chūyóu	16—(2)	粗俗	cūsú	20—2
雏形	chúxíng	13—(1)	撮合	cuōhe	20—(1)
储量	chǔliàng	11	措施	cuòshī	13—(3)

D

搭载	dāzài	12—(1)	待遇	dàiyù	19—(1)
打道回府	dǎ dào huí fǔ	10—(2)	单产	dānchǎn	13—(3)
打折	dǎ zhé	16—(2)	单位	dānwèi	19—(1)
大饱眼福	dà bǎo yǎnfú	16—(1)	蛋白质	dànbáizhì	15
大潮	dàcháo	19—(3)	淡化	dànhuà	16—(1)
大豆	dàdòu	9—(3)	淡水鱼	dànshuǐyú	14—(2)
大方	dàfang	20—(1)	担子	dànzi	19—(2)
大骨节病	dàgǔjiébìng	9—(2)	当选	dāngxuǎn	3—(1)
大关	dàguān	10—(2)	当之无愧	dāng zhī wúkuì	13—(2)
大家风度	dàjiā fēngdù	15—(2)	党委	dǎngwěi	7
大麻籽	dàmázǐr	9—(3)	档次	dàngcì	6
大漠	dàmò	12—(1)	导弹	dǎodàn	12—(1)
大棚	dàpéng	15—(1)	导向	dǎoxiàng	14
大气候	dàqìhòu	6—(1)	导游员	dǎoyóuyuán	10—(1)
大肆	dàsì	20	捣腾	dǎoteng	15—(1)
大要案	dàyào'àn	8	倒掉	dào diào	15—(2)
代价	dàijià	4—(2)	道具	dàojù	16—(1)
代理	dàilǐ	8—(3)	到位	dào wèi	13—(2)
贷款	dàikuǎn	17—(3)	灯笼	dēnglong	16—(1)
带鱼	dàiyú	14—(2)	登月舱	dēngyuècāng	12—(2)

抵达	dǐdá	3—(1)
地方病	dìfāngbìng	9—(2)
地方保护主义	dìfāng bǎohù zhǔyì	10—(3)
地皮	dìpí	7—(3)
地壳	dìqiào	12—(2)
地域	dìyù	11
第一产业	dìyī chǎnyè	18
递增	dìzēng	13
点餐	diǎncān	15—(2)
典当	diǎndàng	8—(2)
典型	diǎnxíng	7—(3)
电脑化	diànnǎohuà	18—(2)
电网	diànwǎng	11—(3)
奠定	diàndìng	19
调研	diàoyán	9—(1)
定点	dìngdiǎn	12
定位	dìngwèi	12—(3)
丢人现眼	diū rén xiàn yǎn	20—(1)
董事长	dǒngshìzhǎng	19—(1)
洞房	dòngfáng	20—(1)
动力	dònglì	11
斗志	dòuzhì	5—(2)
督促	dūcù	7
毒犯	dúfàn	8
毒瘾	dúyǐn	8—(2)
独立自主	dúlì zìzhǔ	3
独生子女	dú shēng zǐnǚ	7—(3)
端庄	duānzhuāng	20—(1)
短缺	duǎnquē	13—(3)
对策	duìcè	5—(3)
对话	duìhuà	3
对口	duìkǒu	3
对路	duìlù	13—(2)
对虾	duìxiā	14—(2)
多元化	duōyuánhuà	10—(1)

E

| 遏制 | èzhì | 4—(2) |
| 耳目一新 | ěr mù yì xīn | 16—(2) |

F

发表	fābiǎo	2—(3)
发挥	fāhuī	7
发射	fāshè	12
发言人	fāyánrén	4—(3)
发扬	fāyáng	5
发育	fāyù	17—(2)
发展中国家	fāzhǎn zhōng guójiā	2
法规	fǎguī	17
砝码	fǎmǎ	14—(3)
反复	fǎnfù	13—(2)
反响	fǎnxiǎng	19—(1)
反映	fǎnyìng	19—(3)
泛亮	fàn liàng	14—(1)
泛指	fànzhǐ	15
犯难	fàn nán	15—(2)
贩运商	fànyùnshāng	14—(1)
方方面面	fāngfāng miànmiàn	15
防治	fángzhì	2
妨碍	fáng'ài	15—(1)
放缓	fànghuǎn	6—(1)
放弃	fàngqì	20
放映	fàngyìng	6—(2)
飞跃	fēiyuè	9—(2)
分布	fēnbù	11
分餐制	fēncānzhì	15
分店	fēndiàn	15—(2)

分流	fēnliú	19	幅度	fúdù	3—(2)
分歧	fēnqí	3—(3)	符合	fúhé	3—(2)
纷纷	fēnfēn	1	福利企业	fúlì qǐyè	17—(3)
纷至沓来	fēnzhì tàlái	18—(1)	辐射面	fúshèmiàn	9—(1)
奋力	fènlì	14—(1)	服务公司	fúwù gōngsī	10
风波	fēngbō	6—(2)	服装业	fúzhuāngyè	18—(1)
风干	fēnggān	9—(3)	腐烂	fǔlàn	9—(3)
风尚	fēngshàng	15	负担	fùdān	9—(1)
风险金	fēngxiǎnjīn	9	负增长	fù zēngzhǎng	18
疯狂	fēngkuáng	8	复杂	fùzá	2—(1)
丰硕	fēngshuò	4—(3)	覆盖	fùgài	6—(2)
峰值	fēngzhí	7—(1)	覆盖率	fùgàilǜ	12—(3)
奉献	fèngxiàn	5	附加	fùjiā	6
扶持	fúchí	17—(3)	副食品	fùshípǐn	14
扶养	fúyǎng	17—(2)	富裕	fùyù	16—(1)

G

改嫁	gǎi jià	20—(1)	公寓	gōngyù	1—(2)
改善	gǎishàn	4—(2)	公众	gōngzhòng	16
概括	gàikuò	14	工矿	gōngkuàng	3
钙质	gàizhì	9—(3)	工商户	gōngshānghù	18
干涉	gānshè	4—(3)	工艺	gōngyì	11—(1)
感染	gǎnrǎn	2	工艺品	gōngyìpǐn	16—(1)
纲要	gāngyào	17	攻关	gōngguān	9—(2)
高层次	gāo céngcì	18—(3)	供给	gōngjǐ	13
高氟病	gāofúbìng	9—(2)	供求	gōngqiú	13—(2)
高雅	gāoyǎ	16—(1)	供应	gōngyìng	14
格局	géjú	6—(3)	共识	gòngshí	3
各得其所	gè dé qí suǒ	20—(2)	贡献	gòngxiàn	3—(1)
个体	gètǐ	18	购买	gòumǎi	8
个体户	gètǐhù	16	购物	gòu wù	16
个头儿	gètóur	19—(1)	估测	gūcè	10—(2)
根本	gēnběn	3—(2)	辜负	gūfù	5
更新	gēngxīn	16—(2)	鼓动	gǔdòng	5—(3)
公报	gōngbào	2—(3)	鼓励	gǔlì	2
公判	gōngpàn	8	鼓舞	gǔwǔ	3—(1)
公益金	gōngyìjīn	9	股份制	gǔfènzhì	19—(1)
公有制	gōngyǒuzhì	9—(2)	谷物	gǔwù	9—(3)

177

雇工	gùgōng	18	广收并蓄	guǎng shōu bìng xù	9
雇员	gùyuán	1—(2)	广用	guǎng yòng	15
故障	gùzhàng	12	规定	guīdìng	1
寡妇	guǎfu	20—(1)	规范	guīfàn	1—(1)
挂钩	guàgōu	1	规范化	guīfànhuà	9
观察	guānchá	12—(3)	规格	guīgé	5
观察家	guānchájiā	6—(3)	规划	guīhuà	7
观点	guāndiǎn	13	规模	guīmó	7—(2)
观光	guānguāng	12—(1)	归心似箭	guī xīn sì jiàn	16—(2)
观看	guānkàn	12	轨道	guǐdào	10
观念	guānniàn	16—(1)	柜台	guìtái	16—(1)
观赏	guānshǎng	17—(2)	滚烫	gǔntàng	5—(2)
关键	guānjiàn	2	国策	guócè	7—(2)
关内	guānnèi	14—(3)	国门	guómén	18—(1)
关注	guānzhù	15	国情	guóqíng	11
惯用	guànyòng	20—(2)	国有企业	guóyǒu qǐyè	19
光顾	guānggù	19—(2)	果窖	guǒjiào	13—(1)
光棍	guānggùnr	20—(1)	过分	guò fèn	6—(2)
广播	guǎngbō	1—(3)	过瘾	guò yǐn	16—(1)
广泛	guǎngfàn	3			
广阔	guǎngkuò	4			

H

海滨	hǎibīn	4	核电站	hédiànzhàn	11—(3)
海带	hǎidài	14—(2)	核发	héfā	9
海洛因	hǎiluòyīn	8	核武器	héwǔqì	12—(1)
海参	hǎishēn	14—(2)	核心	héxīn	4—(1)
海外	hǎiwài	19—(3)	合伙	héhuǒ	18
海鲜	hǎixiān	14—(1)	合同	hétóng	11—(3)
憨厚	hānhòu	20—(1)	合资公司	hé zī gōngsī	1—(2)
寒冬	hándōng	14—(1)	合作医疗	hézuò yīliáo	9
汉堡包	hànbǎobāo	15—(2)	阖家	hé jiā	16—(2)
汉语热	hànyǔrè	1—(3)	衡量	héngliáng	11
行列	hángliè	11—(2)	红包	hóngbāo	16—(1)
行业	hángyè	10—(3)	红火	hónghuo	18—(1)
航天	hángtiān	12	红娘	hóngniáng	20—(1)
航天城	hángtiānchéng	12—(1)	红薯	hóngshǔ	9—(3)
航天器	hángtiānqì	12—(3)	宏观	hóngguān	19

宏伟	hóngwěi	4—(1)	黄花鱼	huánghuāyú	14—(2)
厚爱	hòu'ài	18—(1)	辉煌	huīhuáng	19—(2)
候选	hòuxuǎn	16	回落	huíluò	14
呼应	hūyìng	16—(3)	回收率	huíshōulǜ	12—(1)
呼吁	hūyù	2—(2)	绘画	huìhuà	16—(1)
互补性	hùbǔxìng	4	汇演	huìyǎn	16—(1)
户口	hùkǒu	18—(2)	会谈	huìtán	3
花卉	huāhuì	7—(3)	会晤	huìwù	3—(2)
滑头	huátóu	20—(1)	婚礼	hūnlǐ	20
划拨	huàbō	7—(3)	婚纱	hūnshā	20
划归	huàguī	17—(3)	混乱	hùnluàn	10—(3)
怀疑	huáiyí	13	活蹦乱跳	huó bèng luàn tiào	14—(2)
欢声笑语	huānshēng xiàoyǔ	20—(1)	活跃	huóyuè	17—(1)
缓解	huǎnjiě	11	火电厂	huǒdiànchǎng	11—(3)
缓慢	huǎnmàn	7—(1)	火辣辣	huǒlàlà	5—(2)
荒地	huāngdì	13—(3)	伙伴	huǒbàn	3—(3)
荒山秃岭	huāngshān tūlǐng	13—(1)	货架	huòjià	14—(1)
荒芜	huāngwú	13—(1)	获悉	huòxī	19

J

激烈	jīliè	5	脊灰	jǐhuī	9—(2)
羁绊	jībàn	19—(2)	给予	jǐyǔ	7
基本	jīběn	10	计划经济	jìhuà jīngjì	19
基地	jīdì	10—(1)	计生	jì shēng	7
基数	jīshù	7—(1)	计生委	jìshēngwěi	7
机电产品	jīdiàn chǎnpǐn	6	记忆犹新	jìyì yóu xīn	15—(1)
机构	jīgòu	9—(2)	纪念	jìniàn	2—(3)
机器人	jīqìrén	12—(2)	技艺	jìyì	16—(1)
机遇	jīyù	6—(2)	加班	jiā bān	16—(3)
机制	jīzhì	10—(1)	加工贸易	jiāgōng màoyì	6
积极性	jījíxìng	13	加盟	jiāméng	15—(3)
积累	jīlěi	7	家产	jiāchǎn	8—(2)
积蓄	jīxù	8—(2)	家破人亡	jiā pò rén wáng	8
跻身	jīshēn	18—(3)	家政	jiāzhèng	19—(1)
急剧	jíjù	20—(1)	家族	jiāzú	12—(3)
集散地	jísàndì	10—(1)	假冒伪劣	jiǎmào wěiliè	10—(3)

甲鱼	jiǎyú	14—(2)
价廉物美	jià lián wù měi	14—(2)
坚持	jiānchí	7
坚定	jiāndìng	13—(2)
坚实	jiānshí	3—(3)
兼顾	jiāngù	12
艰巨	jiānjù	8—(3)
艰苦	jiānkǔ	5
减免	jiǎnmiǎn	9
减弱	jiǎnruò	19
减缩	jiǎnsuō	17—(1)
简朴	jiǎnpǔ	20
鉴定	jiàndìng	18—(3)
鉴于	jiànyú	9—(1)
建交	jiàn jiāo	3—(2)
健全	jiànquán	19
奖学金	jiǎngxuéjīn	1—(1)
降雨量	jiàngyǔliàng	9—(3)
交兵	jiāobīng	5—(2)
交代	jiāodài	17—(2)
交锋	jiāofēng	5—(2)
交换	jiāohuàn	3
交流	jiāoliú	3
焦点	jiāodiǎn	6—(3)
娇气	jiāoqì	19—(2)
缴获	jiǎohuò	8—(1)
搅乱	jiǎoluàn	5—(3)
较量	jiàoliàng	5
教训	jiàoxùn	2—(1)
教益	jiàoyì	16
阶层	jiēcéng	16
阶段性	jiēduànxìng	19
揭开	jiē kāi	12—(2)
接风	jiēfēng	5
接见	jiējiàn	5
洁白	jiébái	20
洁身自好	jié shēn zì hào	2—(2)
结婚照	jiéhūnzhào	20
拮据	jiéjū	1
节约	jiéyuē	15
节奏	jiézòu	16
捷足先登	jié zú xiān dēng	6—(2)
姐夫	jiěfu	14—(1)
解体	jiětǐ	4—(2)
戒除	jièchú	8
戒毒所	jièdúsuǒ	8—(2)
戒骄戒躁	jiè jiāo jiè zào	5
借贷	jièdài	18—(3)
借口	jièkǒu	8—(3)
介绍	jièshào	3
金杯	jīnbēi	5—(1)
金融	jīnróng	1
津津有味	jīnjīn yǒu wèi	20
进出口	jìnchūkǒu	6
进修	jìnxiū	1—(3)
进修生	jìnxiūshēng	1—(1)
近地轨道	jìn dì guǐdào	12—(3)
禁毒	jìndú	3
禁锢	jìngù	20
精品	jīngpǐn	16
精致	jīngzhì	20
精装	jīngzhuāng	16—(1)
经济作物	jīngjì zuòwù	13—(1)
经历	jīnglì	2—(1)
经贸	jīngmào	3
经营	jīngyíng	18—(1)
惊奇	jīngqí	20—(1)
警觉	jǐngjué	2—(1)
景区	jǐngqū	10—(2)
劲旅	jìnglǚ	5—(3)
净增	jìngzēng	6
静脉	jìngmài	2—(1)
竞争	jìngzhēng	10—(1)
迥然不同	jiǒngrán bù tóng	12—(2)
纠正	jiūzhèng	10—(3)
"九五"计划	jiǔwǔ jìhuà	5
就餐	jiùcān	15

就诊	jiù zhěn	9
举办	jǔbàn	2
举世瞩目	jǔshì zhǔmù	8
举行	jǔxíng	3
剧烈	jùliè	12—(2)

具备	jùbèi	2—(1)
具有	jùyǒu	10
聚会	jùhuì	16—(3)
捐款	juān kuǎn	17—(1)

K

卡	kǎ	15
卡拉OK	kǎlā'ōukèi	12—(1)
开创	kāichuàng	11—(3)
开导	kāidǎo	20—(3)
开发	kāifā	4
开明	kāimíng	20—(1)
开幕	kāi mù	4—(1)
勘探	kāntàn	11
看台	kàntái	5—(2)
看重	kànzhòng	16
康复	kāngfù	17
扛	káng	9—(1)
炕	kàng	17—(2)
抗御	kàngyù	9—(1)
考察	kǎochá	7
考点	kǎodiǎn	1
考验	kǎoyàn	10—(1)
科技	kējì	4—(2)
科教片	kējiàopiàn	16
可望	kě wàng	11—(2)

可惜	kěxī	6—(2)
渴望	kěwàng	16
客房	kèfáng	10
克山病	kèshānbìng	9—(2)
克星	kèxīng	5—(1)
空间	kōngjiān	4
空壳	kōngkér	18—(2)
空嫂	kōngsǎo	19—(1)
空白	kōngbái	18—(2)
控制	kòngzhì	2
口岸	kǒu'àn	8
口福	kǒufú	1—(2)
跨入	kuàrù	12—(3)
宽敞	kuānchang	14—(1)
狂热	kuángrè	5—(3)
亏待	kuīdài	20—(2)
匮乏	kuìfá	20
困扰	kùnrǎo	11
扩大	kuòdà	2—(1)

L

蜡烛	làzhú	16—(1)
来劲	láijìn	16—(1)
来源	láiyuán	14
来者不拒	láizhě bú jù	15—(2)
滥设	làn shè	10—(3)
浪漫	làngmàn	20
劳动力	láodònglì	19

劳作	láozuò	14—(1)
老伴儿	lǎobànr	17—(2)
老表	lǎobiǎo	16—(1)
老少边穷	lǎo shǎo biān qióng	10
老外	lǎowài	1—(2)
老妪	lǎoyù	9—(3)
乐此不疲	lè cǐ bù pí	20

181

乐观	lèguān	2		拎	līn	16—(2)
雷同	léitóng	20		淋漓	línlí	8—(2)
累计	lěijì	2		临危不惧	lín wēi bú jù	5—(1)
冷战	lěngzhàn	6—(3)		凌晨	língchén	14—(1)
离退休	lí tuì xiū	16		零售额	língshòu'é	18
里程碑	lǐchéngbēi	11—(1)		领域	lǐngyù	3
理直气壮	lǐ zhí qì zhuàng	20—(2)		流行	liúxíng	2
鲤鱼	lǐyú	14—(2)		浏览	liúlǎn	12—(1)
力度	lìdù	2		留恋	liúliàn	16
力争	lìzhēng	19		留念	liúniàn	4
立于不败之地	lì yú bú bài zhī dì	20—(2)		遛弯儿（同蹓弯儿）	liù wānr	17—(2)
立足	lìzú	13		龙头	lóngtóu	6—(1)
利率	lìlǜ	17—(3)		陆续	lùxù	4
连累	liánlěi	20—(3)		旅行社	lǚxíngshè	10
连锁店	liánsuǒdiàn	15—(3)		轮	lún	14—(3)
鲢鱼	liányú	14—(2)		论断	lùnduàn	12—(2)
良方	liángfāng	9—(1)		落户	luò hù	18—(2)
粮食	liángshi	13		落空	luò kōng	16—(2)
两会	liǎng huì	13		落实	luòshí	4
寥寥无几	liáoliáo wú jǐ	19—(2)		络绎不绝	luòyì bù jué	16—(1)
烈焰	lièyàn	8—(1)				

M

麻风	máfēng	9—(2)		萌生	méngshēng	20
麻木	mámù	20—(2)		梦想	mèngxiǎng	6—(2)
马不停蹄	mǎ bù tíng tí	14—(1)		蜜月	mìyuè	20
迈进	màijìn	3—(2)		免疫	miǎnyì	9—(2)
埋怨	mányuàn	20—(3)		面临	miànlín	12
满满当当	mǎnmǎndāngdāng	10—(2)		面纱	miànshā	12—(2)
蔓延	mànyán	2—(1)		民居	mínjū	1—(2)
鳗鱼	mányú	14—(2)		民意	mínyì	9
忙碌	mánglù	14—(1)		民政	mínzhèng	17
盲目乐观	mángmù lèguān	13		名特优	míng tè yōu	14—(2)
贸工农	màogōngnóng	14—(3)		明显	míngxiǎn	1
煤炭	méitàn	11		摸索	mōsuǒ	11
门路	ménlù	19		模式	móshì	18—(2)
门市部	ménshìbù	16—(1)		墨鱼	mòyú	14—(2)

| 目标 | mùbiāo | 5 |

N

难度	nándù	13	念头	niàntou	20—(1)
南瓜籽	nánguāzǐr	9—(3)	鸟语花香	niǎo yǔ huā xiāng	9—(3)
恼怒	nǎonù	20—(2)	宁静	níngjìng	9—(3)
内疚	nèijiù	20—(2)	扭转	niǔzhuǎn	14
内陆	nèilù	13—(3)	农历	nónglì	16—(3)
内蕴	nèiyùn	16	农庄	nóngzhuāng	13—(1)
内政	nèizhèng	4—(3)	浓浓	nóngnóng	20—(3)
逆差	nìchā	6—(1)	浓重	nóngzhòng	6—(1)
年货	niánhuò	16—(1)	女排	nǚpái	5—(3)
年均	niánjūn	14	女足	nǚzú	5—(2)
年龄段	niánlíng duàn	16			

P

拍摄	pāishè	12—(2)	票外票	piào wài piào	10—(3)
牌照	páizhào	10—(2)	拼搏	pīnbó	5
排除	páichú	6—(3)	频道	píndào	16
排名	pái míng	10	频繁	pínfán	3—(3)
排忧解难	pái yōu jiě nàn	7	频率	pínlǜ	12—(2)
派遣	pàiqiǎn	1—(1)	贫乏	pínfá	20
蹒跚	pánshān	17—(2)	贫困	pínkùn	13—(3)
判处	pànchǔ	8	品尝	pǐncháng	14—(2)
赔偿	péicháng	10—(3)	品学兼优	pǐn xué jiān yōu	8—(2)
陪同	péitóng	3	聘请	pìnqǐng	18—(1)
培训	péixùn	16—(3)	聘用	pìnyòng	19—(3)
培育	péiyù	19	平板车	píngbǎnchē	14—(1)
配套	pèi tào	17—(1)	平衡	pínghéng	11
盆景	pénjǐng	7—(3)	平稳	píngwěn	7—(1)
批发市场	pīfā shìchǎng	14—(1)	评定	píngdìng	18—(3)
批准	pīzhǔn	14	评估	pínggū	12—(2)
披星戴月	pī xīng dài yuè	13—(1)	评价	píngjià	3
皮革	pígé	10—(2)	破口大骂	pò kǒu dà mà	20—(2)
媲美	pìměi	10	铺盖	pūgai	20
偏方	piānfāng	20—(3)	普及	pǔjí	1—(3)
飘扬	piāoyáng	8—(1)			

183

Q

妻离子散	qī lí zǐ sàn	8
期望	qīwàng	5
期望值	qīwàngzhí	19—(2)
奇兵	qíbīng	5—(3)
奇迹	qíjì	12—(1)
歧视	qíshì	2
起步	qǐbù	9—(2)
起家	qǐ jiā	18—(2)
企业	qǐyè	10
企业家	qǐyèjiā	4—(1)
气氛	qìfēn	5—(3)
气概	qìgài	5
气息	qìxī	13—(1)
洽谈会	qiàtánhuì	13—(3)
千克	qiānkè	13—(2)
千瓦	qiānwǎ	11
千瓦时	qiānwǎshí	11—(3)
潜力	qiánlì	4
前景	qiánjǐng	6—(1)
前列	qiánliè	9—(2)
强调	qiángdiào	2
强劲	qiángjìn	18—(3)
抢劫	qiǎngjié	8
悄悄	qiāoqiāo	9
悄然	qiǎorán	15—(1)
敲诈勒索	qiāozhà lèsuǒ	10—(3)
切磋	qiēcuō	16—(1)
侵犯	qīnfàn	10—(3)
侵害	qīnhài	2—(2)
钦佩	qīnpèi	4—(1)
亲属	qīnshǔ	17
勤俭	qínjiǎn	15
勤劳	qínláo	3—(1)
清澈	qīngchè	9—(3)
清晨	qīngchén	1
清闲	qīngxián	19—(2)
清新	qīngxīn	9—(3)
青睐	qīnglài	10—(2)
轻易	qīngyì	5—(3)
情趣	qíngqù	17—(2)
情人	qíngrén	16—(2)
顷刻	qǐngkè	8—(1)
球迷	qiúmí	5—(2)
驱寒	qū hán	14—(1)
驱使	qūshǐ	8
趋势	qūshì	1—(1)
趋向	qūxiàng	18
渠道	qúdào	1—(1)
取代	qǔdài	2—(2)
取得	qǔdé	5
权威	quánwēi	15—(1)
权益	quányì	10—(3)
确立	quèlì	2
确诊	quèzhěn	20—(3)

R

燃料	ránliào	12—(2)
扰乱	rǎoluàn	10—(3)
热点	rèdiǎn	13
热敷	rèfū	20—(3)
热浪	rèlàng	5—(2)
热恋	rèliàn	16—(2)
人次	réncì	10
人均	rénjūn	6—(2)
人士	rénshì	13
人造卫星	rénzào wèixīng	12—(1)
仁至义尽	rén zhì yì jìn	20—(2)
日趋	rìqū	17

日夜兼程	rìyè jiānchéng	14—(1)		入境	rù jìng	10
融汇	rónghuì	19—(3)		软投资	ruǎn tóuzī	19—(3)
荣誉	róngyù	5		润滑	rùnhuá	17—(2)
肉禽	ròuqín	15—(1)				
如愿以偿	rú yuàn yǐ cháng	5—(1)				

S

三八红旗手	sānbā hóngqíshǒu	8—(2)		生物工程	shēngwù gōngchéng	13—(2)
三结合	sān jiéhé	7		生涯	shēngyá	14—(1)
三转一响	sān zhuàn yì xiǎng	20		声称	shēngchēng	5—(1)
				省委	shěngwěi	18—(3)
三字经	sānzìjīng	9—(3)		盛大	shèngdà	5
丧失	sàngshī	17—(2)		盛会	shènghuì	13—(2)
山峰	shānfēng	9—(3)		盛夏	shèngxià	14—(1)
山珍海味	shānzhēn hǎiwèi	15		失业率	shīyèlǜ	6—(3)
商贸	shāngmào	10		时髦	shímáo	20—(2)
商嫂	shāngsǎo	19—(1)		时尚	shíshàng	16—(1)
商社	shāngshè	19—(3)		时下	shíxià	16—(1)
商社	shāngshè	19—(1)		实惠	shíhuì	7—(3)
商用	shāngyòng	12		实践	shíjiàn	7
上岗	shàng gǎng	15—(2)		实力	shílì	1—(1)
稍稍	shāoshāo	20		实施	shíshī	8
奢侈品	shēchǐpǐn	14—(2)		实现	shíxiàn	5
设立	shèlì	1		实业化	shíyèhuà	18—(2)
设置	shèzhì	1—(3)		实用	shíyòng	16—(1)
摄入	shèrù	15		石油	shíyóu	11
摄影	shèyǐng	16—(1)		使节	shǐjié	3—(2)
涉外	shèwài	10		矢志不渝	shǐ zhì bù yú	6—(3)
涉足	shèzú	13—(1)		势头	shìtóu	3—(2)
深化	shēnhuà	19		市场化	shìchǎnghuà	14
深远	shēnyuǎn	3—(2)		市场经济	shìchǎng jīngjì	19
神秘	shénmì	12—(1)		世人	shìrén	13—(2)
审定	shěndìng	19—(3)		适应	shìyìng	9—(3)
渗透	shèntòu	8		世乒赛	shìpīngsài	5—(1)
生态	shēngtài	12—(2)		士气	shìqì	5—(3)
				视野	shìyě	16—(2)

185

收汇	shōu huì	10	税利	shuìlì	10
收款机	shōukuǎnjī	15—(2)	顺差	shùnchā	6
收拾	shōushi	15—(2)	顺眼	shùnyǎn	20—(2)
首脑	shǒunǎo	4—(3)	瞬间	shùnjiān	20
首位	shǒuwèi	13	硕士生	shuòshìshēng	1—(1)
守寡	shǒu guǎ	20—(1)	丝虫病	sīchóngbìng	9—(2)
手软	shǒu ruǎn	10—(3)	丝毫	sīháo	6—(2)
手印	shǒuyìn	20—(2)	思虑	sīlǜ	13—(1)
授予	shòuyǔ	17	厮守	sīshǒu	16—(2)
蔬菜	shūcài	14	私营经济	sīyíng jīngjì	18
书籍	shūjí	16—(1)	死神	sǐshén	20—(3)
枢纽	shūniǔ	10—(1)	死有余辜	sǐ yǒu yú gū	8—(2)
曙光	shǔguāng	2	耸立	sǒnglì	9—(3)
数据	shùjù	12	塑像	sùxiàng	8—(1)
衰退	shuāituì	6—(1)	素质	sùzhì	7—(1)
双休日	shuāngxiūrì	10—(2)	酸涩	suānsè	20—(1)
水产品	shuǐchǎnpǐn	14	损害	sǔnhài	10—(3)
水域	shuǐyù	13—(3)			

T

台阶	táijiē	4—(1)	体系	tǐxì	10—(1)
台柱子	táizhùzi	10—(1)	体制	tǐzhì	1—(1)
态势	tàishì	18	替补	tìbǔ	5—(3)
摊点	tāndiǎn	10—(3)	天地	tiāndì	18—(1)
摊贩	tānfàn	16	天花	tiānhuā	9—(2)
瘫痪	tānhuàn	20—(3)	天经地义	tiān jīng dì yì	16—(2)
滩涂	tāntú	13—(3)	天然气	tiānránqì	11
谈判	tánpàn	3	天体	tiāntǐ	12—(1)
弹簧秤	tánhuángchèng	1—(2)	天文台	tiānwéntái	12—(2)
探明	tànmíng	11	天有不测风云	tiān yǒu bú cè fēngyún	20—(3)
探索	tànsuǒ	7			
特困	tèkùn	17	添置	tiānzhì	8—(2)
特色	tèsè	4—(1)	填饱	tián bǎo	13—(2)
腾空	téngkōng	8—(1)	填补	tiánbǔ	18—(2)
提供	tígōng	4	填写	tiánxiě	19—(2)
体面	tǐmiàn	19—(2)	挑剔	tiāotī	15—(2)
体能	tǐnéng	5	调控	tiáokòng	19
体味	tǐwèi	1—(2)	调整	tiáozhěng	5

听天由命	tīng tiān yóu mìng	9—(1)
铤而走险	tǐng ér zǒu xiǎn	8
通货膨胀	tōnghuò péngzhàng	14
通信卫星	tōngxìn wèixīng	12
同步	tóngbù	12
同甘共苦	tónggān gòngkǔ	20—(2)
统筹	tǒngchóu	7
统计	tǒngjì	2—(2)
投放	tóufàng	17—(3)
投诉	tóusù	10—(3)
投资	tóuzī	1
突飞猛进	tūfēi měngjìn	6—(3)
突破	tūpò	6
途径	tújìng	2
团队	tuánduì	16—(2)
团聚	tuánjù	16
推陈出新	tuī chén chū xīn	16—(2)
推迟	tuīchí	7—(2)
推进	tuījìn	4
推开	tuīkāi	9
推销	tuīxiāo	6—(2)
推行	tuīxíng	7
托福	tuōfú	1
脱贫	tuōpín	17
脱贫致富	tuōpín zhìfù	10
陀螺	tuóluó	20—(1)
妥善	tuǒshàn	3
拓宽	tuòkuān	19
拓展	tuòzhǎn	4—(1)

W

挖掘	wājué	4—(1)
外公	wàigōng	17—(2)
外汇	wàihuì	10
外贸	wàimào	6
外商	wàishāng	1
外长	wàizhǎng	3
外资	wàizī	4—(1)
顽强	wánqiáng	5—(2)
顽症	wánzhèng	8
完善	wánshàn	1—(1)
晚婚	wǎnhūn	9—(3)
晚育	wǎnyù	9—(3)
婉拒	wǎn jù	16—(2)
网点	wǎngdiǎn	15—(3)
网络	wǎngluò	9—(2)
忘怀	wànghuái	20
危害	wēihài	2
危机	wēijī	1
危言	wēi yán	13—(2)
维持	wéichí	6—(1)
维护	wéihù	3
围观	wéiguān	20—(1)
围绕	wéirào	7
委屈	wěiqū	17—(2)
卫生员	wèishēngyuán	9—(2)
卫生院	wèishēngyuàn	9
卫星台	wèixīngtái	16
慰问	wèiwèn	5
温床	wēnchuáng	2—(1)
温带	wēndài	9—(3)
温室	wēnshì	13—(1)
瘟神	wēnshén	2
文凭	wénpíng	19—(2)
稳产	wěnchǎn	11—(2)
稳定	wěndìng	13—(2)
稳妥	wěntuǒ	19
吻合	wěnhé	19—(1)
问卷	wènjuàn	9—(1)

污染	wūrǎn	9—(3)	无所不为	wú suǒ bù wéi	8
屋檐	wūyán	9—(3)	无所事事	wú suǒ shì shì	15—(2)
无可奈何	wú kě nàihé	20—(2)	无线电	wúxiàndiàn	12—(2)
无奈	wúnài	20—(2)	五彩	wǔcǎi	14—(1)

X

西装革履	xīzhuāng gélǚ	19—(3)	小心翼翼	xiǎoxīn yìyì	20—(2)
熙来攘往	xī lái rǎng wǎng	10—(2)	孝敬	xiàojìng	16—(2)
熙熙攘攘	xīxīrǎngrǎng	15—(2)	效率	xiàolǜ	11
吸纳	xīnà	9	效益	xiàoyì	1—(1)
吸收	xīshōu	15	笑靥	xiàoyè	20
稀少	xīshǎo	14—(2)	协商	xiéshāng	3
习俗	xísú	16—(2)	协调	xiétiáo	10—(3)
喜庆	xǐqìng	16—(3)	协议	xiéyì	1—(1)
系列	xìliè	12	薪柴	xīnchái	11
系列片	xìlièpiàn	16	欣慰	xīnwèi	6
下岗	xià gǎng	19—(1)	信任	xìnrèn	3
夏粮	xiàliáng	13—(2)	信息	xìnxī	6—(2)
先天性	xiāntiānxìng	17—(2)	星火计划	xīnghuǒ jìhuà	13—(2)
咸菜	xiáncài	15—(1)	星级	xīngjí	10—(1)
嫌弃	xiánqì	20—(2)	形象	xíngxiàng	10—(3)
显示	xiǎnshì	1—(1)	性病	xìngbìng	2—(1)
现场	xiànchǎng	8—(2)	性能	xìngnéng	12—(3)
现场会	xiànchǎnghuì	8—(1)	凶狠	xiōnghěn	5—(1)
限度	xiàndù	15	凶猛	xiōngměng	2—(2)
线路	xiànlù	13—(1)	修饰	xiūshì	20
羡慕	xiànmù	6—(2)	休闲	xiūxián	16—(3)
陷入	xiànrù	20—(1)	休养生息	xiūyǎng shēngxī	16
相当	xiāngdāng	10	秀丽	xiùlì	20
相对	xiāngduì	6	虚弱	xūruò	17—(2)
相辅相成	xiāng fǔ xiāng chéng	4—(2)	宣告	xuāngào	13—(2)
			宣判	xuānpàn	8
享受	xiǎngshòu	6	宣泄	xuānxiè	16
相册	xiàngcè	20	宣战	xuān zhàn	8
消除	xiāochú	13—(3)	喧声	xuānshēng	5—(3)
消耗	xiāohào	11	选购	xuǎngòu	16—(1)
销量	xiāoliàng	14—(1)	选择	xuǎnzé	3
潇洒	xiāosǎ	16—(2)	炫耀	xuànyào	20
小康	xiǎokāng	7	学科	xuékē	1—(1)

血吸虫病	xuèxīchóngbìng	9—(2)		巡诊	xúnzhěn	9
寻呼机	xúnhūjī	16		迅猛	xùnměng	1
循环	xúnhuán	7—(1)				

Y

压岁钱	yāsuìqián	16—(1)		倚重	yǐzhòng	6—(3)
压台菜	yātáicài	14—(2)		一贯	yíguàn	3
严打	yán dǎ	8—(2)		遗憾	yíhàn	16
严峻	yánjùn	2		遗弃	yíqì	13—(1)
严厉	yánlì	8		一视同仁	yí shì tóng rén	18—(3)
严重	yánzhòng	2—(3)		遗书	yíshū	8—(2)
研讨会	yántǎohuì	4—(1)		以身试法	yǐ shēn shì fǎ	8
研制	yánzhì	12		义务	yìwù	20—(3)
眼光	yǎnguāng	6—(2)		异常	yìcháng	5—(1)
验收	yànshōu	11—(3)		易货贸易	yìhuò màoyì	6
宴席	yànxí	15		毅力	yìlì	5
洋溢	yángyì	3—(2)		疫苗	yìmiáo	2
养活	yǎnghuo	13		意识	yìshí	7—(2)
养殖	yǎngzhí	14—(2)		意向书	yìxiàngshū	18—(1)
养殖场	yǎngzhíchǎng	13—(1)		意犹未尽	yì yóu wèi jìn	16—(1)
样板	yàngbǎn	9—(3)		意志	yìzhì	5
样品	yàngpǐn	12—(2)		议题	yìtí	4
邀请	yāoqǐng	3—(1)		抑制	yìzhì	10—(1)
遥控器	yáokòngqì	17—(2)		因地制宜	yīn dì zhì yí	7
药膳	yàoshàn	9—(3)		因素	yīnsù	2—(1)
野菜	yěcài	9—(3)		阴影	yīnyǐng	6—(1)
一把手	yībǎshǒu	7—(1)		引导	yǐndǎo	7
一般贸易	yìbān màoyì	6		引发	yǐnfā	6—(1)
一波三折	yì bō sān zhé	6—(3)		引以为戒	yǐn yǐ wéi jiè	18—(2)
一得之见	yì dé zhī jiàn	15		英俊	yīngjùn	20
一如既往	yì rú jì wǎng	8—(3)		迎战	yíngzhàn	5—(1)
一无所知	yì wú suǒ zhī	12—(2)		营养	yíngyǎng	15
一朝一夕	yì zhāo yì xī	15		营造	yíngzào	16
医德	yīdé	9		硬件	yìngjiàn	9
医疗	yīliáo	2—(3)		硬投资	yìng tóu zī	19—(3)
依赖	yīlài	16		拥有	yōngyǒu	10
依托	yītuō	15—(1)		涌进	yǒng jìn	5—(2)
依偎	yīwēi	20		涌现	yǒngxiàn	9—(2)

189

用户	yònghù	12—(3)	宇航界	yǔhángjiè	12—(3)
悠荡	yōudàng	19—(2)	宇航员	yǔhángyuán	12—(2)
悠久	yōujiǔ	3—(1)	予以	yǔyǐ	8
优化	yōuhuà	6	预定	yùdìng	12
优惠	yōuhuì	6	预计	yùjì	2
优良	yōuliáng	11—(3)	预言	yùyán	13
优异	yōuyì	5	浴场	yùchǎng	10—(2)
游子	yóuzǐ	16—(2)	欲望	yùwàng	15—(1)
鱿鱼	yóuyú	14—(2)	誉	yù	14—(2)
犹豫	yóuyù	6—(2)	原料	yuánliào	11
有目共睹	yǒu mù gòng dǔ	17	原煤	yuánméi	11
有声有色	yǒu shēng yǒu sè	6—(2)	原油	yuányóu	11
			原则	yuánzé	7—(1)
有识之士	yǒu shí zhī shì	9—(1)	源远流长	yuán yuǎn liú cháng	3—(3)
有线台	yǒuxiàntái	16	元首	yuánshǒu	4—(3)
有效载荷	yǒuxiào zàihè	12	元宵节	Yuánxiāo Jié	16
有序	yǒu xù	1—(1)	月球	yuèqiú	12—(2)
有增无减	yǒu zēng wú jiǎn	10—(2)	运行	yùnxíng	14
诱发	yòufā	8	运载火箭	yùnzài huǒjiàn	12
渔业	yúyè	14—(2)	运作	yùnzuò	9

Z

再接再厉	zài jiē zài lì	5	增进	zēngjìn	3
再就业工程	zài jiùyè gōngchéng	19	增收	zēngshōu	10
			增长	zēngzhǎng	6
在世	zàishì	9—(3)	增值税	zēngzhíshuì	18—(2)
赞成	zànchéng	3	炸薯条	zháshǔtiáo	15—(2)
赞同	zàntóng	3—(3)	展览	zhǎnlǎn	2
赞助	zànzhù	16—(2)	战略	zhànlüè	6—(2)
早市	zǎoshì	1	战线	zhànxiàn	5
造福	zàofú	12—(2)	占有量	zhànyǒuliàng	13—(2)
责任田	zérèntián	20—(1)	章法	zhāngfǎ	5—(2)
择业	zé yè	19—(2)	长辈	zhǎngbèi	16—(1)
择优	zéyōu	17—(3)	长相	zhǎngxiàng	19—(1)
增产	zēng chǎn	13	涨幅	zhǎngfú	14
增幅	zēngfú	6—(1)	掌上明珠	zhǎng shàng míngzhū	17—(2)
增加	zēngjiā	1			

掌握	zhǎngwò	1		骤	zhòu	5—(3)
障碍	zhàng'ài	19—(2)		骤然	zhòurán	1
招待会	zhāodàihuì	3—(2)		逐步	zhúbù	4—(3)
招商	zhāo shāng	18—(2)		逐年	zhúnián	11—(2)
沼气	zhǎoqì	11		主办	zhǔbàn	4—(2)
照看	zhàokàn	17—(2)		主持	zhǔchí	4
折合	zhéhé	17—(1)		主妇	zhǔfù	15—(1)
珍品汇一	zhēnpǐn huì yī	15		主权	zhǔquán	4
珍惜	zhēnxī	19—(1)		主题	zhǔtí	2
振奋	zhènfèn	5—(3)		主体	zhǔtǐ	9—(2)
振兴	zhènxīng	18—(3)		主张	zhǔzhāng	3
征服	zhēngfú	2		瞩目	zhǔmù	6—(3)
征询	zhēngxún	9—(1)		注册	zhùcè	18
整治	zhěngzhì	10—(3)		注射	zhùshè	2—(1)
证书	zhèngshū	11—(3)		祝贺	zhùhè	5
支撑	zhīchēng	6—(1)		助理	zhùlǐ	3—(2)
支柱产业	zhīzhù chǎnyè	10		著名	zhùmíng	6—(2)
职称	zhíchēng	18—(3)		抓紧	zhuā jǐn	5
职工	zhígōng	15—(1)		专机	zhuānjī	4
职责	zhízé	15—(2)		专门	zhuānmén	1
执教	zhíjiào	5—(3)		专项	zhuānxiàng	10—(3)
指标	zhǐbiāo	7		专业	zhuānyè	1—(1)
指数	zhǐshù	14—(2)		转变	zhuǎnbiàn	10
治安	zhì'ān	10—(3)		转产	zhuǎn chǎn	19—(2)
治理	zhìlǐ	7		转达	zhuǎndá	3—(1)
制订	zhìdìng	4		转轨	zhuǎn guǐ	19
制约	zhìyuē	2—(3)		转化	zhuǎnhuà	4
秩序	zhìxù	10—(3)		转移	zhuǎnyí	19
中餐	zhōngcān	15		转移轨道	zhuǎnyí guǐdào	12
中介	zhōngjiè	18—(3)		壮举	zhuàngjǔ	17—(2)
中秋节	Zhōngqiū Jié	16		追求	zhuīqiú	20
忠诚	zhōngchéng	20		卓著	zhuózhù	7—(1)
种子	zhǒngzi	5—(1)		着手	zhuóshǒu	15
种族	zhǒngzú	2		着重	zhuózhòng	13
重力	zhònglì	12—(2)		资格	zīgé	1—(1)
重视	zhòngshì	13		资源	zīyuán	13—(2)
重灾区	zhòngzāiqū	2—(2)		资政	zīzhèng	4—(2)
周边	zhōubiān	2—(1)		姿态	zītài	6—(3)
周转	zhōuzhuǎn	17—(3)		咨询	zīxún	19—(2)

191

自给率	zìjǐlǜ	11—(1)	走势	zǒushì	6
自理	zìlǐ	20—(3)	租金	zūjīn	1—(2)
自首	zìshǒu	8—(2)	阻挡	zǔdǎng	3—(2)
自尊	zìzūn	17—(1)	阻拦	zǔlán	9—(3)
字画	zìhuà	16—(1)	组建	zǔjiàn	18—(3)
宗旨	zōngzhǐ	7	组团	zǔ tuán	17—(1)
综合	zōnghé	1—(1)	罪有应得	zuì yǒu yīng dé	8—(2)
总额	zǒng'é	10—(1)	尊严	zūnyán	4—(3)
总结	zǒngjié	17	尊重	zūnzhòng	3
走俏	zǒuqiào	16—(1)	坐而论道	zuò ér lùn dào	2